CURSUS NOVUS

compactus

für Latein als zweite Fremdsprache

herausgegeben von Dr. Karl Bayer

GRAMMATISCHES BEIHEFT

LEKTIONEN
51 bis 90

von
Hartmut Grosser,
Prof. Dr. Friedrich Maier

unter Mitwirkung von
Kurt Benedicter
Dr. Gerhard Fink
Rudolf Hotz
Hubertus Kudla
Konrad Raab
Karlfriedrich Ruf
Hartmut Wimmer

C. C. BUCHNERS VERLAG · BAMBERG
J. LINDAUER VERLAG (SCHAEFER) · MÜNCHEN
OLDENBOURG SCHULBUCHVERLAG · MÜNCHEN

CURSUS NOVUS compactus – Unterrichtswerk für Latein
herausgegeben von Dr. Karl Bayer und verfasst von einem Autorenteam:

Kurt Benedicter – Dr. Gerhard Fink – Hartmut Grosser
Rudolf Hotz – Hubertus Kudla – Prof. Dr. Friedrich Maier
Konrad Raab – Karlfriedrich Ruf – Hartmut Wimmer

3. Auflage – Reformierte Rechtschreibung – 3 $^{8\ 7\ 6\ 5}$ 2006 $^{05\ 04}$
Die letzte Zahl bedeutet das Jahr dieses Druckes.

Alle Drucke dieser Auflage sind, weil untereinander unverändert,
nebeneinander benutzbar.

C. C. Buchners Verlag	ISBN 3-7661-**5342**-0
J. Lindauer Verlag	ISBN 3-87488-**782**-0
Oldenbourg Schulbuchverlag	ISBN 3-486-**83687**-0

(die fett gedruckten Ziffern sind die jeweiligen Bestellnummern)

Anregungen erbeten an den federführenden Verlag J. Lindauer 80066 München Postfach 626

© 1989, 1994, 1997 by C. C. Buchners Verlag, J. Lindauer Verlag und Oldenbourg Schulbuchverlag
Alle Rechte vorbehalten

Gesamtherstellung: Graphischer Großbetrieb Friedrich Pustet, Regensburg
Printed in Germany

Arbeitsanleitung

Das *Grammatische Beiheft* (GB) ist, wie sein Name andeutet, dem Übungsbuch (ÜB) ‚*bei*gegeben'; GB und ÜB gehören unmittelbar zusammen. Das GB liefert das grammatische Fundament, das den Bau des ÜB trägt. Der Übungsteil des ÜB und das GB sind zu einem eng aufeinander abgestimmten Arbeitsprogramm verbunden; die sogenannten G-Sequenzen (= Grammatik-Sequenzen), im ÜB und im GB mit dem gleichen Symbol G bezeichnet, greifen wie die Zähne von Zahnrädern ineinander: Der im Übungsteil des ÜB in Frageform aufbereitete Grammatikstoff einer Lektion wird an der entsprechenden Stelle des GB ausführlich dargestellt, zumeist mit unmittelbarer Beantwortung der gestellten Fragen.

Ein Kapitel des GB umfasst also jeweils den gesamten Grammatikstoff, der in der gleich bezifferten Lektion des ÜB neu geboten wird. Wenn man *bei der Anfertigung der Hausaufgabe* das GB geöffnet neben das ÜB legt, kann man sich jeweils sofort ohne viel blättern zu müssen orientieren und seine Leistung kontrollieren.

Die lateinische Sprache zeigt bis in ihre kleinsten Bestandteile eine sinnvoll geregelte Ordnung; diese soll man nicht nur erlernen, sondern auch *verstehen*. Deshalb sind den Regeln zuweilen knappe Begründungen beigefügt, die ihren Hintergrund erhellen. Der Kleindruck macht deutlich, dass man diese Begründungen nur mit Verstand zu lesen, nicht aber zu lernen braucht.

Eine derartige *Verstehenshilfe* will auch das *graphische Satzmodell* sein, an dem von Fall zu Fall gezeigt wird, welche Aufgabe eine neu zu lernende grammatische Erscheinung innerhalb des Satzes erfüllt. Wörter und Formen sind ja nicht lose, gleichsam in Materialkästen sortierte Teile, sondern Glieder eines funktionierenden Organismus. Und die kleinste Einheit dieses Organismus ist der Satz.

Formenlehre (d. i. die Lehre von den Formen des *Verbums* und *Nomens*) *und Syntax* (d. i. die Lehre von den *Fällen* und die Lehre vom *Satz*) laufen also *parallel* nebeneinander her, manchmal, wie es eben der Stoff bedingt, in engster Verbindung.

Wer die Erscheinungen der Formenlehre und der Syntax getrennt und in der Anordnung des Sprachsystems wiederholen und sich auf diese Weise einen Überblick verschaffen will, findet bei passenden Stoffeinschnitten (nach den Lektionen 60, 70, 80, 90) eine *Anleitung zur systematischen Wiederholung* eingeschoben. Außerdem ermöglichen zusammenfassende Tabellen im Anhang, auf die an den entsprechenden Stellen verwiesen wird, einen raschen Überblick.

Das *Verweisen* geschieht durch einen Pfeil: ↗. In der Regel wird auf G-Sequenzen früherer Lektionen zurückverwiesen, wo immer die Heranziehung von bereits Gelerntem die Darstellung des neuen Stoffes fördert und das Lernen erleichtert (z. B. ↗52 G2.1 bedeutet: vgl. Lektion 52, G-Sequenz 2, Abschnitt 1).

Was *als wichtig zu merken* ist, wird durch die Druckstärke und -größe, durch Merkkästen und Schaubilder einprägsam vor Augen gestellt. Hinweiszeichen, ein wenig den Verkehrsschildern angeglichen, geben zusätzliche ‚Lernsignale'.

INHALTSVERZEICHNIS

	EINFÜHRUNG			
			Deutsche Grammatik in kompakter Übersicht	9
		S 1–2	Satzbau – Graphisches Satzmodell	15
		S 3–8	Satzglieder	15

Lektion	Formenlehre	G-Sequenz	Satzlehre	Seite
51	Konjunktiv Imperfekt	G 1		16
	Konjunktiv Plusquamperfekt	G 2		17
52		G 1	**Ablativus absolutus**: m. Part. Präs. Aktiv	19
		G 2	Ablativus absolutus: m. Part. Perf. Passiv	20
53		G 1	Ablativus absolutus: Nominale Wendungen	22
		G 2	Ablativus absolutus: Passivische u. aktivische Bedeutung	23
54	Zahlwörter: Grund- und Ordnungszahlen	G 1		23
		G 2	Zur Kasuslehre: Dativ des Zwecks	25
55	**u-Deklination**; Deklination von DOMUS	G 1		26
		G 2	Zur Kasuslehre: Genitiv zur Angabe des Subjekts oder des Objekts	27
56	Partizip Futur Aktiv: Bildung	G 1	Verwendung	28
	Infinitiv Futur Aktiv: Bildung	G 2	Verwendung	29
57	**ī-Konjugation**: Präsens-Stamm (Infinitive, Präsens, Imperfekt)	G 1		30
	ī-Konjugation: Präsens-Stamm (Futur I und Partizip Präsens)	G 2		32
58	ESSE: Komposita	G 1		32
		G 2	Zur Kasuslehre: Dativ bei Verba composita von ESSE; Dativ des Vorteils	33
59	ī-Konjugation: Perfekt-Stamm Aktiv und Passiv	G 1		34
		G 2	Abhängige Subjekt- und Objektsätze	35
60		G 1	Zur Kasuslehre: Ablativ des Maßes/Unterschieds – der Beziehung	36
		G 2	Zur Kasuslehre: Genitiv zur Angabe des Besitzverhältnisses	37
	STOFFÜBERSICHT ZUR SYSTEMATISCHEN WIEDERHOLUNG DER LEKTIONEN 51–60			38

Lektion	Formenlehre	G-Sequenz	Satzlehre	Seite
61		G 1	**Nominativus cum Infinitivo (NcI):** Konstruktion und Funktion	39
		G 2	Nominativus cum Infinitivo (NcI): Übersetzung und Zeitverhältnis	39
62		G 1	Zu den Tempora: Imperfekt, Perfekt, Plusquamperfekt	41
		G 2	Zu den Tempora: Historisches Präsens, Historischer Infinitiv	42
63	Demonstrativ-Pronomen IDEM	G 1		42
		G 2	Zu den Tempora: Präsentisches Perfekt	43
64	VELLE, NOLLE, MALLE	G 1		44
	Verallgemeinerndes Relativ-Pronomen: QUICUMQUE – QUISQUIS	G 2		45
65		G 1	Zur Kasuslehre: Ablativ/Genitiv zur Preisangabe	46
		G 2	Zur Kasuslehre: Genitiv bei Verben	47
66	Indefinit-Pronomina: QUIS – QUI; ALIQUIS – ALIQUI	G 1		48
	Indefinit-Pronomina: QUISQUAM – ULLUS	G 2		49
67		G 1	Zur Kasuslehre: Lokativ – Ortsangaben (Zusammenfassung)	50
	Konsonantische Konjugation: Perfekt-Aktiv-Stamm: Bildungsweisen	G 2		50
68		G 1	Zur Kasuslehre: Akkusativ des Inhalts – Adverbialer Akkusativ	51
		G 2	Zur Kasuslehre: Genitiv bei INTEREST	52
69	**ī-Konjugation**: Formen des Präsens-Stammes (Aktiv und Passiv)	G 1		53
		G 2	Zu den Modi: Deliberativ	54
70	ī-Konjugation: Formen des Perfekt-Stammes (Aktiv und Passiv)	G 1		55
		G 2	Zur Kasuslehre: Ablativ des Mittels – Ablativ der Beziehung (Forts.)	56
	STOFFÜBERSICHT ZUR SYSTEMATISCHEN WIEDERHOLUNG DER LEKTIONEN 61–70			58

Lektion	Formenlehre	G-Sequenz	Satzlehre	Seite
71		G 1	Konjunktivische Relativsätze	59
		G 2	Verschränkte Relativsätze	60
72		G 1	Abhängige Aussagesätze	61
		G 2	Abhängige Fragesätze	63
73	**Gerundium**: Bildung	G 1		64
		G 2	Gerundium: Erweiterung durch Objekt und/oder Adverbiale	65
74	FERRE: Formen des Präsens-Stammes	G 1		66
	FERRE und Komposita: Formen des Perfekt-Stammes	G 2		67
75	**Deponens**: Merkmale und Bedeutung	G 1		68
	Deponentia der ā- und der ē-Konjugation: Präsens-Stamm	G 2		69
76	Deponentia der ā- und der ē-Konjugation: Perfekt-Stamm	G 1		70
		G 2	Partizip Perfekt der Deponentia Verwendung	72
77	**Gerundivum**: Bildung	G 1	Gerundivum: Verwendung zur Bezeichnung einer Eigenschaft oder eines Vorgangs	73
		G 2	Adverbialsätze; Kausalsätze; Konsekutivsätze; Finalsätze	75
78		G 1	Gerundivum: Verwendung zur Bezeichnung der Notwendigkeit	78
	Deponentia der ī-Konjugation	G 2		80
79	Deponentia der Konsonantischen Konjugation und der ī-Konjugation: Formen des Präsens-Stammes	G 1		81
	Formen des Perfekt-Stammes	G 2		82
80		G	Adverbialsätze: Temporalsätze (Zusammenfassung und Ergänzung)	83
	STOFFÜBERSICHT ZUR SYSTEMATISCHEN WIEDERHOLUNG DER LEKTIONEN 71–80			86

Lektion	Formenlehre	G-Sequenz	Satzlehre	Seite
81	**Semideponentia**	G 1		87
	Semideponens: REVERTI	G 2		87
82		G 1	Zu den Modi: Realis	88
		G 2	Zu den Modi: Potentialis	89
83	FIERI	G 1		90
	Passiv der Komposita von FACERE	G 2		90
84		G	Akkusativ (Zusammenfassung)	91
85		G	Genitiv (Zusammenfassung)	93
86		G 1	Dativ (Zusammenfassung)	95
		G 2	Adverbialsätze: Konzessivsätze und Adversativsätze	97
87		G 1	Adverbialsätze: Kondizionalsätze	98
		G 2	Korrelativische und kondizionale Vergleichssätze	99
88		G	Ablativ (Zusammenfassung)	101
89		G	Satzanalyse: Einfache Perioden	104
90		G	Satzanalyse: Komplexe Perioden	106
	STOFFÜBERSICHT ZUR SYSTEMATISCHEN WIEDERHOLUNG DER LEKTIONEN 81–90			108

ANHANG

		Regel	Stoff	Seite
	Lautlehre	L 1–8	↗Grammatisches Beiheft A	111
		L 9–10	Rechtschreibung	111
		L 11	Silbentrennung	111
		L 12–15	Betonungsregeln	111
		L 16–21	Lautregeln der Vokale	112
		L 22–28	Lautregeln der Konsonanten	113

Tabelle		Stoff	Seite
		Zur Formenlehre des Nomens	
I		SUBSTANTIVE / ADJEKTIVE	
	1	Deklinationen der Substantive	114
	2	Deklinationen der Adjektive	114
	3	Besonderheiten der Deklinationen	116
II		PRONOMINA (Deklinationen)	
	1	Personal-Pronomina	117
	2	Possessiv-Pronomina	117
	3	Demonstrativ-Pronomina	117
	4	Relativ-Pronomina	118

Tabelle		Stoff	Seite
	5	Indefinit-Pronomina	118
	6	NEMO, NIHIL, NULLUS, NULLA, NULLUM	119
	7	Pronomina der „Zweiheit"	119
	8	Interrogativ-Pronomina	119
III		KOMPARATION DER ADJEKTIVE	
	1	Regelmäßige Komparation	120
	2	Unregelmäßige Komparation	120
IV		ADVERB	
		Bildung und Komparation	120
		Zur Formenlehre des Verbums	
V	1	KONJUGATIONEN Präsens-Stamm Aktiv	121
		Präsens-Stamm Passiv	122
	2	Perfekt-Stamm Aktiv	123
		Perfekt-Stamm Passiv	124
	3	Nominalformen des Verbums	124
VI		STAMMFORMEN ALLER VERBEN	
	1	ā-Konjugation	125
	2	ē-Konjugation	127
	3	ī-Konjugation	130
	4	Konsonantische Konjugation	131
	5	ĭ-Konjugation	137
VII		DEPONENTIA	
	1	Präsens-Stamm	139
	2	Perfekt-Stamm	140
	3	Nominalformen	140
VIII		STAMMFORMEN ALLER DEPONENTIA	
	1	ā-Konjugation	141
	2	ē-Konjugation	141
	3	ī-Konjugation	142
	4	Konsonantische Konjugation	142
	5	ĭ-Konjugation	143
IX	1	Semideponentia	144
	2	FIERI	144
X	1	IRE und Komposita	145
	2	ESSE – VELLE – FERRE und Komposita	146
XI		VERBA DEFECTIVA	147
XII		PRÄPOSITIONEN	
	1	Akkusativ	148
	2	Ablativ	149
	3	Akkusativ oder Ablativ	149
XIII		Funktionen und Bedeutungen von mehrdeutigen Partikeln	150
XIV		Syntaktische Funktionen und Füllungsarten (Zusammenfassung)	152
		Sachverzeichnis	153

Deutsche Grammatik in kompakter Übersicht

WORTARTEN

Wir unterscheiden:

1. NOMINA *(deklinierbare Wörter)*	Substantiv	*(Namen-/Hauptwort)*	(das/ein) Spiel
	Adjektiv	*(Eigenschaftswort)*	groß
	Pronomen	*(Fürwort)*	wir
	Numerale	*(Zahlwort)*	fünf
2. VERBEN *(konjugierbare Wörter)*	Verbum	*(Zeitwort)*	kämpfen
3. PARTIKELN *(indeklinable/ unveränderliche Wörter)*	Präposition	*(Verhältniswort)*	vor
	Adverb	*(Umstandswort)*	oft
	Konjunktion	*(Satzverbindungswort: beiordnend)*	aber
	Subjunktion	*(Satzverbindungswort: unterordnend)*	weil
	Interjektion	*(Ausrufwort)*	ach!
	Negation	*(Verneinungswort)*	nicht

1. **Nomina** sind deklinierbare Wörter:

Wenn wir das **Nomen** in die verschiedenen **Kasus** (Fälle) des Singulars und Plurals setzen, **deklinieren** (beugen) wir es.

Die Veränderung des **Kasus** (Fall) und **Numerus** (Zahl) nennt man **Deklination** (Beugung). Sie sind auch durch das **Genus** (Geschlecht) gekennzeichnet.

Wir unterscheiden demnach **drei Bestimmungsstücke** des Nomens:

KASUS	NUMERUS	GENUS

1.1 Das **Substantiv** bezeichnet eine **Person** oder **Sache**.

1.2 Das **Adjektiv** bezeichnet die **Eigenschaft** einer Person oder Sache.

- Das **Adjektiv** (Eigenschaftswort) wird dekliniert:

    der gute Freund   die guten Freunde
    des guten Freundes...   der guten Freunde...

- **Komparation des Adjektivs**

    Wir können von einem Adjektiv sog. **Vergleichsstufen** bilden. Sie werden benötigt, wenn zwei oder mehr Lebewesen, Gegenstände oder Begriffe miteinander verglichen werden.

Positiv	*(Grundstufe)*:	Der Turm ist **hoch**.
Komparativ	*(Höher-, Vergleichsstufe)*:	Der Turm ist **höher** (als das Haus).

Ausgehend von den Formen des Positivs bilden wir **im Deutschen** den Komparativ durch Anhängen von -er. Häufig tritt dazu noch Umlaut ein.

Neben dem Komparativ können wir von einem Adjektiv eine weitere Vergleichsstufe bilden:

Superlativ *(Höchst-, Meiststufe)* : Der Turm ist der **höchste** *(von allen)*.

1.3 Das **Pronomen** steht stellvertretend für ein Substantiv; am häufigsten begegnen **Personal-Pronomina** und **Demonstrativ-Pronomina**.

Das **Personal-Pronomen** lautet:

	Singular	Plural
1. Pers.	ich	wir
2. Pers.	du	ihr
3. Pers.	er/sie/es	sie

Das **Demonstrativ-Pronomen** *weist* mit besonderem Nachdruck auf eine Person oder Sache *hin*, z. B.: **dieser** Mann; **jenes** Haus.

1.4 Das **Numerale** erfasst **Zahlenangaben**; man unterscheidet Grundzahlen und Ordnungszahlen:

- **Grundzahlen** *(Cardinalia)*
  bezeichnen Mengen von Lebewesen, Gegenständen oder Begriffen,
  z. B. drei Legionen, sechs Häuser, zehn Jahre.

- **Ordnungszahlen** *(Ordinalia)*
  bezeichnen den Rangplatz von Lebewesen, Gegenständen oder Begriffen in einer Reihenfolge, z. B. der erste Kaiser, das dritte Lager, das siebte Jahrhundert.

2 **Verben** sind konjugierbare Wörter:

Wenn wir das **Verbum** in die verschiedenen Personen des Singulars und Plurals setzen, **konjugieren** (beugen) wir es. Die Veränderung des Verbums nach **Person** und **Numerus** (Zahl) nennt man **Konjugation** (Beugung).

2.1 **Die Bestimmungsstücke des Verbums**

Am **Verbum finitum**, d. h. an der **konjugierten** Form des Verbums, können wir mehrere „Bestimmungen" durchführen:

1. **Person** *(1., 2., 3. Person)*;
2. **Numerus** *(Zahl)* der Personen (**Singular/Plural**);
3. **Tempus** *(Zeit)* des Geschehens oder Seins, das vom Verbum bezeichnet wird;
4. **Modus** *(Aussageweise)*, d. h. die Weise, wie das Geschehen oder Sein vom Sprechenden aufgefasst wird;
5. **Genus verbi** *(Handlungsart)*, d. h. die Art, **wie** die Person des Subjekts an der Handlung beteiligt ist:
   ob sie **selbsttätig** die Handlung vollzieht (**Aktiv**: Tatform) oder
   ob sie **erleidend** von der Handlung betroffen wird (**Passiv**: Leideform).

Wir unterscheiden demnach **fünf Bestimmungsstücke** des Verbums:

| PERSON | NUMERUS | TEMPUS | MODUS | GENUS |

- **Person** und **Numerus** werden vor allem durch die Endungen des Verbums ausgedrückt, z. B. ich geh**e**, ihr sing**t**, sie sprech**en**.

- Das **Tempus** wird durch die Form des Verbums ausgedrückt, oft in Verbindung mit einem Hilfszeitwort: ich **ging**, ihr **werdet singen**, sie **haben ge**sprochen.
  Handlungen und Geschehnisse können auf verschiedenen **Zeitstufen** liegen; man unterscheidet Vergangenheit, Gegenwart und Zukunft.
  Die **Zeitstufe der Gegenwart** wird durch das **Präsens** ausgedrückt.
  Die **Zeitstufe der Vergangenheit** wird durch **Präteritum** (Imperfekt), **Perfekt** oder **Plusquamperfekt** ausgedrückt.
  Die **Zeitstufe der Zukunft** wird durch **Futur I** und **Futur II** ausgedrückt.

- Der **Modus** wird durch die Form des Verbums ausgedrückt, oft in Verbindung mit einem Hilfszeitwort.
  Der **Indikativ** drückt aus, dass das Geschehen oder das Sein als **wirklich, tatsächlich** aufgefasst wird, z. B. er sagt, sie **haben ge**sagt, er **wird** sagen.
  Der **Konjunktiv** drückt aus, dass das Geschehen oder Sein als **möglich, erwünscht, vorstellbar** oder als **nicht-wirklich** aufgefasst wird, z. B. er sag**e**, sie **hätten ge**sagt, er **werde** sagen.

- Das **Genus verbi** wird durch die Form des Verbums ausgedrückt, das Aktiv oft, das Passiv immer in Verbindung mit einem Hilfszeitwort, z. B. Aktiv: ich führe, ich **werde** führen, ich **habe** geführt; Passiv: ich **werde** geführt, ich **werde** geführt **werden**, ich **bin** geführt **worden**.

2.2 Das Partizip

Das **Partizip**[1] *(Mittelwort)* hat eine Mittelstellung zwischen Verbum und Adjektiv. Weil es ein vom Verbum abgeleitetes Adjektiv ist, hat es an beiden Wortarten teil. Im Lateinischen gibt es wie im Deutschen – Partizip Präsens, z. B. rufend,
– Partizip Perfekt, z. B. gerufen.

3 Partikeln

3.1 **Präposition** (Verhältniswort) ist ein Wort, das das Verhältnis zwischen einem Nomen und einem anderen Nomen oder zur Aussage des Verbums bezeichnet, z. B. die Liebe **zwischen** Mutter und Kind; er geht **mit** dem Freund **nach** Hause; er geht **ohne** Hut spazieren.

3.2 **Adverb** ist ein undeklinierbares Wort, das die Satzaussage näher bestimmt, z. B. er spricht **oft**; sie liegen **überall**; sie schreit **laut**.

3.3 **Konjunktion** ist ein Verbindungswort, das einander beigeordnete Sätze verbindet, z. B. **deshalb, nämlich, aber**.

3.4 **Subjunktion** ist ein Verbindungswort, das voneinander abhängige Sätze verbindet, z. B. **als, nachdem, weil, wenn**.

---
[1] von *particeps, particip-is*: teilhabend

3.5 Die **Interjektion** ist ein in den Satz „eingeschobenes" Wort, das einen Ausruf der Verwunderung, des Schmerzes oder Schreckens kennzeichnet, z. B. **Oh**! **Ach**! **Bei Gott**!

3.6 Die **Negation** drückt die Verneinung des Satzes aus, z. B. **nicht**, **keineswegs**, **weder . . . noch**.

SATZARTEN

1 **Der einfache Satz**

Ein Satz besteht in seiner einfachsten Form aus den Satzgliedern **Subjekt** (Satzgegenstand) und **Prädikat** (Satzaussage):

- Das **Subjekt** des Satzes findet man mit der Frage:
  WER oder WAS handelt (‚tut') oder ist?

- Das **Prädikat** des Satzes findet man mit der Frage:
  WAS WIRD AUSGESAGT?

2 **Der erweiterte Satz**

Der einfache Satz kann durch zusätzliche Satzglieder erweitert sein:

2.1 **Erweiterung durch Objekte**

Viele Verben erfordern aufgrund ihrer Bedeutung ein **Akkusativobjekt** oder/und ein **Dativobjekt**, z. B. *das Bild* sehen, *dem Schüler ein Buch* geben.

- Das **direkte Objekt** heißt **Akkusativobjekt**.

  Man findet das **Akkusativobjekt** mit der Frage:
  WEN oder WAS?

Das **indirekte Objekt** heißt **Dativobjekt**.

- Man findet das **Dativobjekt** mit der Frage:
  WEM?

2.2 **Erweiterung durch ein Adverbiale**

Manche Verben erfordern aufgrund ihrer Bedeutung ein Adverbiale, z. B. sie liegen *im Bett*; sie fahren *nach Hause*. Ein Adverbiale steht oft als nicht erforderliche „freie Angabe", z. B. sie singen *(im Auto)*.

Das **Adverbiale** des Satzes findet man mit der Frage:
WO? WANN? WIE? WARUM?

2.3 Erweiterung durch ein Attribut

Zu den einzelnen Satzgliedern (Subjekt, Objekt, Adverbiale) können nominale Erweiterungen treten; sie sind diesen beigefügt: **Attribute**.

- Das **Adjektiv als Attribut**, z. B. der **gute** Freund, den **großen** Tempeln, am **schönen** Meer.
- Der **Genitiv als Attribut** (**Genitivattribut**), z. B. das Haus **des Freundes**, die Tempel **der Götter**.

2.4 Erweiterung durch ein Prädikatsnomen

Wenn das Prädikat durch ein Hilfszeitwort (z. B. *sein, werden*) ausgedrückt wird, benötigt es ein **Prädikatsnomen** als Ergänzung; Prädikatsnomen kann ein **Substantiv** oder **Adjektiv** sein, z. B. Cicero *ist* **Redner**, Marcus *ist* **mutig**, Cornelia *wird* **traurig**.

Das Hilfszeitwort **sein** (**ist**/**sind**) nennt man **Copula**.

SATZVERBINDUNGEN

Mehrere Sätze können miteinander verbunden sein, zu einer Satzreihe oder zu einem Satzgefüge:

1 Die Satzreihe

Sätze können unabhängig nebeneinander stehen. Sie bilden eine Satzreihe; sie sind dann ‚beigeordnet' und oft durch ein

beiordnendes Verbindungswort *(Konjunktion)* miteinander verbunden, z. B. Marcus liebt das Forum; **denn** dort gibt es Denkmäler. Er besucht es **deshalb** oft.

2 Das Satzgefüge

Sätze können voneinander abhängig sein. Sie bilden ein Satzgefüge; der eine Satz ist dann ‚übergeordnet', der andere ‚untergeordnet'. Der untergeordnete Satz ist mit dem übergeordneten Satz durch ein

unterordnendes Verbindungswort *(Subjunktion)* verbunden, z. B. Marcus freut sich, **wenn** er die Denkmäler sieht, **da** er alles Alte liebt.

Satzbau – Graphisches Satzmodell

1. Einführung

Der Lateinunterricht hat mehrere Ziele. In erster Linie soll man später Werke römischer Autoren lesen, also in lateinischer Sprache abgefaßte Texte verstehen und ins Deutsche übersetzen können. Man wird es dabei immer mit Sätzen zu tun haben.

Der **lateinische Satz** zeichnet sich durch eine ihm eigentümliche Klarheit und Durchsichtigkeit der Struktur aus. Er birgt streng voneinander zu unterscheidende **Positionen** in sich, so dass wir ihn in einem SATZMODELL erfassen können; an diesem wird zugleich das Wesen des Satzes, wie er sich in vielen anderen Sprachen darstellt, deutlich. Dies ist um so eher möglich, als das Lateinische nicht mehr gesprochen wird und sich die Merkmale seines Satzbaus nicht mehr verändern können.

S 1 ▶ Dieses Satzmodell ist im folgenden entwickelt. Alle sprachlichen Erscheinungen, die uns begegnen werden, lassen sich an einer der dort aufgezeichneten Positionen in den Bau des Satzes, in das „Satzgerüst", einordnen, wo sie den **Gesamtsinn des Satzes mitbestimmen**. Diese Positionen sind freilich, je nach Betonung und Absicht des Sprechenden, **vertauschbar**. Unser Satzmodell ist also kein starres, unlebendiges Schema; es soll in seiner vorliegenden Form helfen stets die Übersicht über das im Grammatikunterricht Gelernte zu behalten und später beim Übersetzen aus dem Lateinischen alle Einzelerscheinungen im Blick auf das Gesamtgefüge eines Satzes zu erfassen.

S 2 ▶ *Satzmodell:*

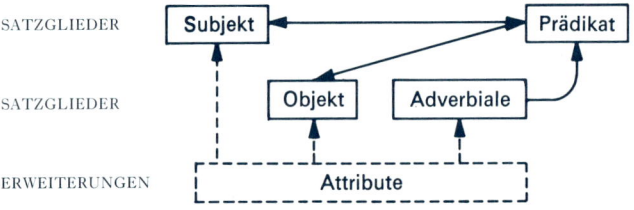

2. Erläuterung

SATZGLIEDER: SUBJEKT – PRÄDIKAT

Jeder Satz enthält eine Aussage über einen bestimmten Sachverhalt.
Nach den Baugesetzen der lateinischen wie der deutschen Sprache wirken hierzu als **„Grundpfeiler"** des Satzgerüstes **zwei Wörter** von verschiedener Art zusammen:

S 3 ▶ ein NOMEN (deklinierbares Wort) als Satzgegenstand: **Subjekt**.
Dieses deklinierbare Wort kann sein ein:

Substantiv: Namen-/Hauptwort	*Pronomen*: Fürwort
Adjektiv: Eigenschaftswort	*Numerale*: Zahlwort

S4 ▶ ein VERBUM (Zeitwort/Tätigkeitswort) als Träger der Satzaussage: **Prädikat**.

S5 ▶ **Subjekt** und **Prädikat** allein bilden oft einen **vollständigen Satz** mit einer sinnvollen Aussage. Der Satz besteht dann aus **zwei Satzgliedern**.

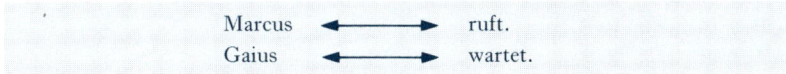

SATZGLIEDER: OBJEKT – ADVERBIALE

S6 ▶ Viele **Verben erfordern**, wenn sie als Prädikat im Satzgerüst verwendet werden, aufgrund ihrer Bedeutung **eine Ergänzung**; erst dann wird die Aussage des Satzes vollständig.

Solche **Ergänzungen** können sein

① das **Objekt** (ein Nomen als Ergänzung),

② das **Adverbiale** (ein Adverb, ein Nomen im Ablativ oder ein Präpositionalgefüge als Umstandsbestimmung).

① Gaius erwartet ⟶ Marcus.
② Gaius wohnt ⟵ in Rom.

S7 ▶ Oft erscheinen die Satzglieder Objekt und Adverbiale gemeinsam im Satz.

ERWEITERUNGEN: ATTRIBUTE

S8 ▶ Zu den Satzgliedern können **zusätzliche nominale Erweiterungen** treten, die zwar das, was der Sprechende im jeweiligen Satz ausdrücken will, entscheidend mitbestimmen, aber nicht als Träger des Satzgerüstes auftreten. Sie sind den Satzgliedern nur beigefügt: **Attribute**.

Der *lustige* Gaius erwartet *seinen Freund* Marcus vor den Thermen *des Caracalla*.

Satzmodell:

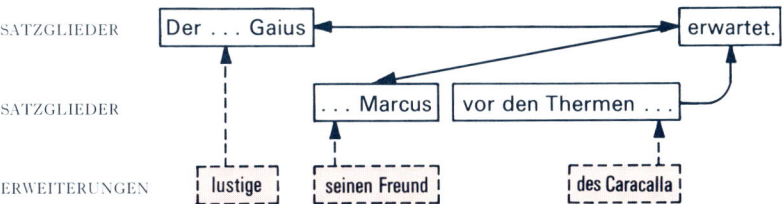

15

51

G 1: Konjunktiv Imperfekt
G 2: Konjunktiv Plusquamperfekt

G 1 ▶ Konjunktiv Imperfekt

> Das Deutsche kennt für den Konjunktiv des Präteritums (Imperfekts) z w e i Ausdrucksmöglichkeiten:
>
> *ich wäre/ich würde sein – ich sähe/ich würde sehen*
>
> Bei den schwachen Verben lauten der Indikativ und Konjunktiv Präteritum (Imperfekt) gleich (z. B. *er arbeitete*).
> Das Lateinische hingegen kennt für den Konjunktiv Imperfekt eine **eigene** Form; deshalb ist im Lateinischen der Konjunktiv Imperfekt **eindeutig** erkennbar.

1.1 Bildung

Das **Modus-Zeichen** für den **Konjunktiv Imperfekt** lautet im Lateinischen **-re-**.

Das Modus-Zeichen *-re-* ist aus der ursprünglichen Bildungssilbe *-se-* entstanden; diese tritt zwischen Stamm und Endung, wird aber nach vokalisch auslautendem Präsens-Stamm zu *-re-* (↗L 22: Rhotazismus).

Konjunktiv Imperfekt

-re-

Modus-Zeichen

	ā-Konjugation	ē-Konjugation	Kons. Konj.	IRE	ESSE
	ich riefe	*ich sähe*	*ich führte*	*ich ginge*	*ich wäre*
Aktiv	vocárem	vidérem	dúcerem	írem	essem
	vocárēs	vidérēs	dúcerēs	írēs	essēs
	vocáret	vidéret	dúceret	íret	esset
	vocarémus	viderémus	ducerémus	irémus	essémus
	vocarétis	viderétis	ducerétis	irétis	essétis
	vocárent	vidérent	dúcerent	írent	essent
	ich würde gerufen werden	*ich würde gesehen werden*	*ich würde geführt werden*		
Passiv	vocárer	vidérer	dúcerer		
	vocaréris	videréris	duceréris		
	vocarétur	viderétur	ducerétur		
	vocarémur	viderémur	ducerémur		
	vocarémini	viderémini	ducerémini		
	vocaréntur	videréntur	duceréntur		

Der Konjunktiv Imperfekt von **posse** lautet:
possem, possēs . . .: ich könnte, du könntest . . .

possem < *potsem (↗L 23: Assimilation vgl. *possum* < *potsum)
Das Modus-Zeichen *-se-* bleibt unverändert, weil es auf einen Konsonanten folgt.

1.2 Verwendung

● **als unerfüllbar gedachter Wunsch der Gegenwart**

Mercātor:

① **Utinam** gemmae vērae **essent**! — **Wenn doch** die Edelsteine echt **wären**!
② **Utinam nē** ad mortem dūce**rer**! — **Wenn** ich **doch nicht** zur Hinrichtung geführt würde!

Der **Konjunktiv Imperfekt** drückt in Verbindung mit **utinam** ① / verneint: **utinam nē** ② einen **unerfüllbar gedachten Wunsch** *(Optativ)* aus. Die Erfüllung des Wunsches wird als unmöglich aufgefasst; der Wunsch lässt sich **nicht** (oder nicht mehr) **verwirklichen**.

● **im Irrealis**

Mercātor:

Nisi homō malus **essem**, nōn in carcere sedē**rem**. — **Wenn** ich kein Schurke **wäre**, **säße** ich nicht im Gefängnis.

Der **Konjunktiv Imperfekt** im Hauptsatz drückt den **Irrealis** aus; er steht zumeist in Verbindung mit einem **konditionalen Gliedsatz** (eingeleitet mit SI/NISI). Das Geschehen oder Sein wird als **nicht-wirklich (irreal)** aufgefasst.

● **im konjunktivischen Gliedsatz**

① Custōs mercātōrem admonuit, **ut** tacē**ret**. — Der Wächter forderte den Kaufmann auf, ⎰ **dass** er **schweige/schweigen solle**. ⎱ **zu schweigen**.
② Quis cūrābat, **nē** mercātor ā bēstiīs lacerā**rētur**? — Wer setzte sich dafür ein, **dass** der Kaufmann **nicht** von den wilden Tieren **zerrissen wurde/werde**?

Der **Konjunktiv Imperfekt** wird in **konjunktivischen Gliedsätzen**, z. B. in abhängigen Begehrsätzen (eingeleitet mit UT/NE), verwendet. Im Hauptsatz steht in einem solchen Fall ein Tempus der Vergangenheit: *admonuit* ①, *cūrābat* ②.

G 2 ▶ Konjunktiv Plusquamperfekt

2.1 Bildung

Das Kennzeichen des **Konjunktiv Plusquamperfekt** lautet **-isse-**.

Konjunktiv Plusquamperfekt
-isse
Modus-Zeichen

Dieses Kennzeichen ist entstanden aus der Perfekterweiterung *-is-* und dem Modus-Zeichen *-se-* (↗G 1). Es tritt zwischen Perfekt-Stamm und Endung.

51

Aktiv

ā-Konjugation	ē-Konjugation	Kons. Konj.	IRE	ESSE
ich hätte gerufen	*ich hätte gesehen*	*ich hätte geführt*	*ich wäre gegangen*	*ich wäre gewesen*
vocāvíssem	vīdíssem	dūxíssem	íssem	fuíssem
vocāvíssēs	vīdíssēs	dūxíssēs	íssēs	fuíssēs
vocāvísset	vīdísset	dūxísset	ísset	fuísset
vocāvissḗmus	vīdissḗmus	dūxissḗmus	issḗmus	fuissḗmus
vocāvissḗtis	vīdissḗtis	dūxissḗtis	issḗtis	fuissḗtis
vocāvíssent	vīdíssent	dūxíssent	íssent	fuíssent

īssem < *ī-issem, vgl. īsse

Passiv

vocātus, -a, -um essem	ich wäre gerufen worden
vocātī, -ae, -a essḗmus	wir wären gerufen worden
vīsus, -a, -um essem	ich wäre gesehen worden
vīsī, -ae, -a essḗmus	wir wären gesehen worden
ductus, -a, -um essem	ich wäre geführt worden
ductī, -ae, -a essḗmus	wir wären geführt worden

Vollständiges Konjugationsschema ↗Tab. V₂.

2.2 Verwendung

- **als unerfüllbar gedachter Wunsch der Vergangenheit** (↗G 1)

  Utinam nē tam stultus fuissem!   Wäre ich doch nicht so dumm gewesen!

- **im Irrealis der Vergangenheit** (↗G 1)

  Nisi homō malus fuissem, damnātus nōn essem.   Wenn ich kein schlechter Mensch gewesen wäre, wäre ich nicht verurteilt worden.

- **im konjunktivischen Gliedsatz** (↗G 1)

  Mercātor cum animum custōdis nōn mōvisset, tacēbat.   Da der Kaufmann das Herz des Wächters nicht gerührt hatte, schwieg er.

52

G 1: Ablativus absolutus: mit Partizip Präsens Aktiv (PPrA)
G 2: Ablativus absolutus: mit Partizip Perfekt Passiv (PPP)

G 1 ▶ Ablativus absolutus: mit Partizip Präsens Aktiv (PPrA)

① Mercātor **populum** māgnā vōce **clāmantem** valdē timēbat.
Der Kaufmann hatte vor **dem Volk**, *als/da* es laut **schrie**, große Angst.

② Mercātor **populō** māgnā vōce **clāmante** arēnam intrāvit.
Der Kaufmann betrat, *als/während* **das Volk** laut **schrie**, die Arena.

1.1 Erscheinungsform

Die beiden hervorgehobenen Satzbau-Elemente bestehen jeweils aus einem **Substantiv** und einem **Partizip** (im Kasus dieses Substantivs).

In ① bezieht sich das Partizip *clāmantem* auf den Akkusativ *populum*; dieser stellt im Satz das Akkusativ-Objekt dar: *mercātor populum timēbat*. Das Partizip ist damit „verbunden": **Participium coniunctum** (↗ 47 G 1).

In ② bezieht sich das Partizip *clāmante* auf den Ablativ *populō*; dieser Ablativ hat für sich im Satz keine Funktion, er ist vom Rest-Satz ‚losgelöst', ‚absolut'[1]: *Mercātor populō (. . .?) intrāvit*. Erst durch Hinzutreten des Partizips *clāmante* erhält der Ablativ eine sinngebende Funktion, wodurch der Satz syntaktisch vollständig wird: *Mercātor populō clāmante intrāvit*.

Die Verbindung des Ablativs mit Partizip nennt man

ABLATIVUS ABSOLUTUS   ABLATIVUS ABSOLUTUS

Diese Konstruktion wird vielfach auch als
Ablativ mit Partizip oder
Ablativus cum Praedicativo bezeichnet.

---
[1] *ab-solūtus:* los-gelöst

1.2 Funktion

Wie das **Participium coniunctum** ① bestimmt der **Ablativus absolutus** ② den Vorgang, der im Prädikat ausgedrückt wird, näher. Das Satzbau-Element **Ablativus absolutus** übernimmt also ebenfalls die **syntaktische Funktion** des **Adverbiales** (↗ 47 G 1.2). Es kann wie das Participium coniunctum mit einem **adverbialen Gliedsatz** wiedergegeben werden, hier mit einem Temporalsatz.

Satzmodell:

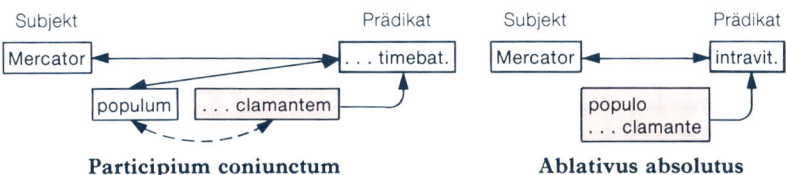

Participium coniunctum   **Ablativus absolutus**

52 1.3 Sinnrichtungen

① **temporal** (Angabe der Zeit)
Lūdō ineunte
populus iam in circō sedēbat.
Zu Beginn der Vorstellung
(**als** die Vorstellung **begann**,)
saß das Volk schon im Zirkus.

② **modal** (Angabe des Begleitumstandes)
Mercātor
multīs spectantibus
in arēnam ductus est.
Der Kaufmann wurde
unter den Augen vieler
(wobei viele zuschauten)
in die Arena gebracht.

③ **kausal** (Angabe des Grundes)
Populō poenam postulante
imperātor mercātōrī veniam
nōn dedit.
Da das Volk Strafe forderte,
schenkte der Kaiser dem Kaufmann
keine Gnade.

④ **konzessiv** (Angabe des Gegengrundes)
Homine flente et trepidante
paucī misericordiā mōtī sunt.
Obwohl der Mann weinte und zitterte,
ließen sich nur wenige zu Mitleid
rühren.

⑤ **kondizional** (Angabe der Bedingung)
Imperātor:
„**Homine propter scelus
mortem obeunte**
omnēs mē timēbunt."
Der Kaiser:
„**Wenn der Mann wegen seines
Verbrechens stirbt,**
werden mich alle fürchten."

G 2 ▶ Ablativus absolutus: mit Partizip Perfekt Passiv (PPP)

① **Mercātōre** arēnam **intrante**
omnēs māgnā vōce clāmābant.
Als der Kaufmann die Arena **betrat,**
schrien alle laut.

② **Mercātōre** in arēnam **ductō**
imperātor sīgnum dedit.
Als der Kaufmann in die Arena
gebracht worden war,
gab der Kaiser das Zeichen.

③ **Sīgnō datō**
omnēs tacēbant.
Als das Zeichen gegeben worden war,
schwiegen alle.

2.1 Erscheinungsform

Das **Ablativus absolutus** kann auch mit einem **Partizip Perfekt Passiv (PPP)** gebildet sein.

Er drückt dann einen passivischen Vorgang aus:

② *Der Kaufmann war . . . geführt worden.*

③ *Das Zeichen war gegeben worden.*

2.2 Zeitverhältnis

Wie beim **Participium coniunctum** (↗47 G 1.2) drücken auch beim **Ablativus absolutus** das Partizip Präsens Aktiv und das Partizip Perfekt Passiv **verschiedene Zeitverhältnisse** aus:

- Das **Partizip Präsens Aktiv** (des Präsens-Stammes) drückt einen Vorgang aus, der zum Vorgang des regierenden Satzes **gleichzeitig** ist ①:

  > PARTIZIP DER GLEICHZEITIGKEIT

- Das **Partizip Perfekt Passiv** (des Perfekt-Stammes) drückt einen Vorgang aus, der zum Vorgang des regierenden Satzes **vorzeitig** ist ② ③:

  > PARTIZIP DER VORZEITIGKEIT

2.3 Verschiedene Übersetzungsmöglichkeiten

SIGNO DATO	OMNES TACEBANT.
① **Als** das Signal **gegeben war**,	schwiegen alle.
② **Nach dem Geben** des Signals (**Nach** dem Signal / **Auf** das Signal **hin**)	schwiegen alle.
③ Das Signal **wurde gegeben**;	**da/daraufhin** schwiegen alle.

Der **Ablativus absolutus** (Ablativ mit Partizip) lässt sich im Deutschen mit verschiedenen Konstruktionen wiedergeben:

① mit einem **adverbialen Gliedsatz** (Unterordnung),

② mit einem **Präpositionalgefüge** (Einordnung),

③ mit einem **gleichgeordneten Satz** (Beiordnung).

52   2.4   Sinnrichtungen und Übersetzungsmöglichkeiten (Zusammenfassung)

Sinnrichtungen	Übersetzungsmöglichkeiten		
	mit Präpositionalgefüge	mit adverbialem Gliedsatz	mit beigeordnetem Satz
temporal			
gleichzeitig	während/unter/bei	als/während/wenn/wobei	währenddessen/dabei
vorzeitig	nach	als/nachdem	daraufhin/dann
kausal	infolge/wegen	da/weil	daher/deshalb
modal	durch	wobei indem dadurch, dass *verneint:* ohne dass, ohne zu	dabei dadurch
konzessiv	trotz	obwohl wenngleich	trotzdem/dennoch/allerdings
kondizional	im Falle/bei	wenn/falls	–

53

G 1: Ablativus absolutus: Nominale Wendungen
G 2: Ablativus absolutus: Passivische und aktivische Bedeutung

---

G 1 ▶ Ablativus absolutus: Nominale Wendungen

① **Augustō imperante**
② **Augustō imperātōre**
      } Drūsus Germāniam occupāre studuit.

① **Unter der Herrschaft**
   des Augustus
② **Als** Augustus **herrschte**,
      } versuchte Drusus, Germanien zu besetzen.

1.1   Die **Konstruktion** und **Funktion** eines Ablativus absolutus liegt auch bei **nominalen Wendungen** vor; es entsprechen sich z. B. *Augustō imperātōre – Augustō imperante*. Auch diese nominale Wendung gibt also eine **adverbiale Bestimmung** des Prädikatsvorganges an.
Der in derartigen nominalen Wendungen ausgedrückte Vorgang ist zum Vorgang des regierenden Satzes **gleichzeitig**.

1.2   Folgende Wendungen begegnen häufig:

(Hannibale) duce	*unter* der Führung (Hannibals)
(Caesare) auctōre	*auf* Veranlassung (Caesars)
(Augustō) imperātōre	*unter* der Herrschaft (des Augustus)
(Germānīs) invītīs	*gegen* den Willen (der Germanen)

53

G 2 ▶ Ablativus absolutus: Passivische und aktivische Bedeutung

① Augustus
clāde legiōnum nūntiātā
trīstissimus erat.

Augustus war,
als die Niederlage der Legionen
gemeldet worden war, äußerst bestürzt.

② Augustus
tribus legiōnibus āmissīs
trīstissimus erat.

Augustus war,
als/da er drei Legionen **verloren hatte**,
(**nach dem Verlust** von drei Legionen)
äußerst bestürzt.

2.1 Das **PPP** im Ablativus absolutus erfasst häufig einen wirklichen **passivischen** Vorgang ①.

Bei Wiedergabe einer solchen Partizipialkonstruktion mit einem Gliedsatz wird im Deutschen das **Passiv** in der Regel **belassen**.

2.2 Das **PPP** im Ablativus absolutus in ② ist zwar der **Form** nach **Passiv**, dem **Sinne** nach „verbirgt" sich aber in ihm ein **aktivischer** Vorgang („krypto'-aktive Konstruktion). Der vom PPP ausgedrückte Vorgang wird nämlich vom Subjekt des regierenden Satzes vollzogen:

Augustus hatte die drei Legionen verloren.

Eine solche Partizipialkonstruktion lässt sich im Deutschen wiedergeben:

- entweder mit einem **Gliedsatz**, in dem das Passiv in das **Aktiv** umgewandelt wird,
- oder mit einem **Präpositionalausdruck**.

54

G 1: Zahlwörter: Grund- und Ordnungszahlen
G 2: Zur Kasuslehre: Dativ des Zwecks

G 1 ▶ Zahlwörter

1.1 Grundzahlen

ūnus, -a, -um	1	ūndecim	11	decem	10	centum	100
duo, -ae, -o	2	duodecim	12	vīgintī	20	ducentī, -ae, -a	200
trēs, tria	3	trēdecim	13	trīgintā	30	trecentī, -ae, -a	300
quattuor	4	quattuordecim	14	quadrāgintā	40	quadringentī, -ae, -a	400
quīnque	5	quīndecim	15	quīnquāgintā	50	quīngentī, -ae, -a	500
sex	6	sēdecim	16	sexāgintā	60	sescentī, -ae, -a	600
septem	7	septendecim	17	septuāgintā	70	septingentī, -ae, -a	700
octō	8	duodēvīgintī	18	octōgintā	80	octingentī, -ae, -a	800
novem	8	ūndēvīgintī	19	nōnāgintā	90	nōngentī, -ae, -a	900
decem	10	vīgintī	20			mīlle	1000

54

- Die Zahlen von 11 bis 900 lassen sich auf die Einer-Zahlen (↗36 G2) UNUS, -A, -UM ... NOVEM zurückführen, die in einigen Fällen in ihrem Wortstock verändert werden, z. B.

  qua**tt**uor – qua**tt**uor-decim – qua**drā**-gintā – qua**drin**-gentī
  sep**t**em – sep**ten**-decim – sep**tuā**-gintā – sep**tin**-gentī

- Die Einer-Zahlen treten

bei den Zahlen 11 ... 17	vor das Bildungselement -*decim* (< -*decem*)
bei den Zahlen 20 ... 90	vor das Bildungselement -*gintā* (-*gintī*)
bei den Zahlen 200 ... 900	vor das Bildungselement -*centī* / -*gentī*

- Die **Zahlen .8** und **.9** (z. B. 18, 19; 78, 79) werden in der Regel durch **Subtraktion** vom nächsthöheren Zehner gewonnen, z. B.:

duo-dē-vīgintī: 18	*ūn*-dē-octōgintā: 79
(zwei-von-zwanzig)	(eins-von-achtzig)

Deklination

- QUATTUOR ... CENTUM können nicht dekliniert werden; sie sind **indeklinabel**.

- DUCENTI, -AE, -A ... NONGENTI, -AE, -A werden **dekliniert** wie die Adjektive der ā-/o-Deklination.

- MILLE ist **indeklinabel**, hat aber einen **deklinierbaren Plural**; er lautet MILIA, -IUM, also:

duo mīlia:		2000	
tria mīlia:	hominum (Gen.: ↗49 G2)	3000	Menschen
decem mīlia:		10 000	

1.2 Ordnungszahlen

2	duo	**duodecim**	**vīgintī**	**ducentī**, -ae, -a
	secundus	duodecimus	vīcēsimus	ducentēsimus
5	**quīn**que	quīn**decim**	**quīnquā**gintā	**quīngentī**, -ae, -a
	quīntus	**quīn**tus decimus	**quīnquā**gesimus	**quīngent**ēsimus

Die **Ordnungszahlen** geben die **Reihenfolge** an, z. B. *zweiter, fünfter*.

Die **Ordnungszahlen** lassen sich weitgehend aus den **Grundzahlen** ableiten. Sie werden dekliniert wie **Adjektive der ā-/o-Deklination**.

Beachte:
    quīndecim
  aber:
    quīntus decim**us**
  usw.

	Bildungselemente	
	Grundzahlen	Ordnungszahlen
10–17	decem **-decim**	decimus **-decim**us
20–90	**-gint**ī **-gint**ā	**-cēsim**us **-gēsim**us
100–900	**-cent**-ī **-gent**-ī	-centēsimus -gentēsimus

G 2 ▶ Zur Kasuslehre: Dativ des Zwecks

① Illa moenia, quae exstrūxit,   Jene Mauern, die er erbaute,
   imperātōrī Aurēliānō   gereichten *dem* Kaiser Aurelian
   honōrī erant.   *zur* Ehre.
     Jene Mauern, die er erbaute,
     brachten Kaiser Aurelian Ehre ein.

② Hīs enim moenibus   Durch diese Mauern machte er
   populō Rōmānō pācem   nämlich *dem* römischen Volk
   dōnō dedit.   den Frieden *zum* Geschenk.

③ Hodiē quoque   Auch heute noch rufen sie
   homin**ibus**   bei den Menschen
   māgn**ae** admīrātiōnī sunt.   große Bewunderung hervor.

2.1 Der **Dativ** bezeichnet auch **Zweck**, **Ziel** (*fīnis*) oder das **Ergebnis**: **Dativus finalis**. Man fragt nach ihm:

WOZU? ZU WELCHEM ZWECK/ZIEL? ZU WELCHEM ERGEBNIS?

Satzmodell: ①
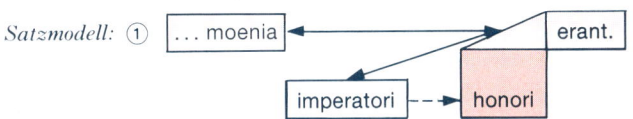

2.2 Der **Dativus finalis** begegnet meist in Verbindung mit einem **Dativ der Person** und der Copula ESSE ① ③, aber auch mit anderen Verben, z. B. *dare* ②.

honōrī esse iuventūtī	der Jugend Ehre einbringen
dōnō dare populō	dem Volk zum Geschenk machen

2.3 Zum **Dativus finalis** tritt zuweilen ein **Adjektiv**, das den Grad des Zweckes ausdrückt ③:

māgnae admīrātiōnī esse hominibus	bei den Menschen *große* Bewunderung hervorrufen (zu großer Bewunderung gereichen)

55

G 1: u-Deklination; Deklination von DOMUS

G 2: Zur Kasuslehre: Genitiv zur Angabe des Subjekts oder des Objekts

G 1 ▶ u-Deklination: Maskulina und Feminina

1.1 Formenbildung

	Wortstamm		Endung
N. Sg.	magistrāt	u	s
G. Pl.	magistrāt	u	um
		Kennvokal	

Der **Kennvokal** dieser Deklination ist **-u-**;
der **Wortstamm** lautet demnach **magistrātu-**.

Deklination

	der/ein Turm	*das/ein Amt*	*die Türme*	*die Ämter*
N./V.	turris	magistrātus	turrēs	magistrātūs
G.	turris	magistrātūs	turrium	magistrātuum
D.	turrī	magistrātuī	turribus	magistrāt*i*bus
Akk.	turrim	magistrātum	turrēs	magistrātūs
Abl.	*dē* turrī	magistrātū	*dē* turribus	magistrāt*i*bus

Nominativ Plural: *magistrātūs* < **magistratu-ēs*; vgl. *turres* < **turri-ēs*
Der Kennvokal *-u-* ist im Dativ und Ablativ Plural zu *-i-* abgeschwächt
(↗L 17: Vokalschwächung).

Die **Endungen** der **u-Deklination** entsprechen denen der ĭ-Deklination (↗36 G 1).
Sie treten in beiden Deklinationen unmittelbar an den Wortstamm.

1.2 Genus

	① māgn**us** met**us**	große Furcht
aber:	② parv**a** man**us**	die/eine kleine Schar
	nov**a** dom**us**	das/ein neues Haus

① Dem **grammatischen Geschlecht** nach sind die Substantive der **u**-Deklination **Maskulina**.

② **Feminina** sind: *manus, -ūs* Hand, Schar
   domus, -ūs Haus

1.3 Besonderheiten der Deklination von DOMUS

das/ein Haus			
	Singular	Plural	
N.	domus	domūs	
G.	domūs		dom-ōrum
D.	domuī	domibus	
Akk.	domum		domōs
Abl.	dom-ō	domibus	

Die Deklination von DOMUS folgt im Abl. Sg., Gen. und Akk. Pl. der **o-Deklination**, in den übrigen Kasus der **u-Deklination**.

G 2 ▶ Zur Kasuslehre: Genitiv zur Angabe des Subjekts oder des Objekts

2.1

① cūra mātris	die Sorge *der* Mutter
metus Rōmānōrum	die Furcht *der* Römer
spēs amīcōrum	die Hoffnung *der* Freunde
② cūra mātris	die Sorge **um** die Mutter
metus Rōmānōrum	die Furcht **vor** den Römern
spēs pācis	die Hoffnung **auf** Frieden

2.2 Der **Genitiv eines Nomens**, der als **Attribut** zu einem Substantiv tritt, kann verschiedene Aufgaben erfüllen.

Wenn wir die Wortverbindung jeweils in einem Satz ausdrücken, dessen Prädikat aus der Wortwurzel des Substantivs (z. B. *cūra*) gebildet ist, wird die **Bedeutung** des Genitivs klar ersichtlich:

Der **Genitiv** gibt das **Subjekt** an: **Genitivus subiectivus**.

① cūra mātris	*Wer sorgt sich? / Wer pflegt?* **Māter** <līberōs> cūrat.

Der **Genitiv** gibt das **Objekt** an: **Genitivus obiectivus**.

② cūra mātris	*Wen pflegen sie? / Um wen sorgen sie sich?* **Mātrem** <līberī> cūrant.

2.3

memoria¹ tuī / vestrī	die Erinnerung *an* dich/euch
amor² suī	die Liebe *zu* sich; Eigenliebe

¹⁾ vgl. memor ²⁾ vgl. amāre

Der **Genitivus obiectivus** des **Personal-Pronomens** (↗12 G2 bzw. 22 G2.1) lautet im Singular: meī, tuī; suī *(reflexiv)*, im Plural: nostrī, vestrī; suī *(reflexiv)*

Der **Genitivus obiectivus** wird im Deutschen zumeist mit einem **Präpositionalausdruck** wiedergegeben, z. B.
memoria vestrī: die Erinnerung **an** euch

56

G 1: Partizip Futur Aktiv
G 2: Infinitiv Futur Aktiv

G 1 ▶ Partizip Futur Aktiv

1.1 Bildung und Bedeutung

Präsens-Stamm	PPP	Partizip Futur Aktiv	Bedeutung
vocā-	vocá-**tum**	vocā-**túr**-us, -a, -um	einer, der rufen **wird/will**
implē-	implé-**tum**	implē-**túr**-us, -a, -um	einer, der füllen **wird/will**
ī-	i-**tum**	i-**túr**-us, -a, -um	einer, der gehen **wird/will**
duc-	dúc-**tum**	duc-**túr**-us, -a, -um	einer, der führen **wird/will**
Veränderung im Präsens-Aktiv-Stamm:			
terrē-	térri-**tum**	terri-**túr**-us, -a, -um	einer, der erschrecken **wird/will**
docē-	dóc-**tum**	doc-**túr**-us, -a, -um	einer, der lehren **wird/will**
pet-	petí-**tum**	petī-**túr**-us, -a, -um	einer, der verlangen **wird/will**
rīde-	rísum	rīsúr-us, -a, -um	einer, der lachen **wird/will**
dēfend-	dēfénsum	dēfēnsúr-us, -a, -um	einer, der verteidigen **wird/will**

Das **Partizip Futur Aktiv** wird gebildet, indem das Bildungselement **-tūrus, -tūra, -tūrum** an den Präsens-Stamm gesetzt wird; dieser kann dabei im Auslaut verändert werden (↗25 G 1: Bildung des PPP).

-tur-
Partizip Futur

1.2 Verwendung als Prädikatsnomen

Quis Germāniam vīsitātūrus erat?	Wer **wollte** *(war willens, . . . zu)* Germanien besuchen? Wer **hatte die Absicht**, Germanien zu besuchen?

Das **Partizip Futur** drückt in Verbindung mit der Copula ESSE eine **unmittelbar bevorstehende** oder **beabsichtigte Handlung** aus; es stellt das **Prädikatsnomen** dar.

Im Satzmodell:

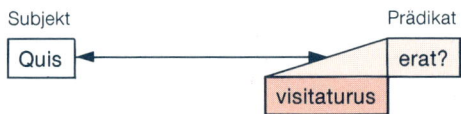

 Bei Verwendung als Prädikatsnomen kann das lateinische Partizip Futur im Deutschen nur durch Umschreibungen wiedergegeben werden, z. B.

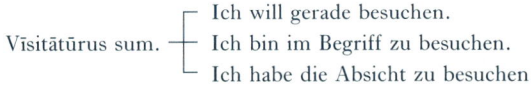

Vīsitātūrus sum. — Ich will gerade besuchen.
Ich bin im Begriff zu besuchen.
Ich habe die Absicht zu besuchen.

1.3 Verwendung als adverbiale Bestimmung

① *Fīlium*
  Rhēnum trānsitūr**um**
  pater retinēre studuit.

Als der Sohn über den Rhein
gehen wollte,
suchte ihn der Vater zurückzuhalten.

② *Fīlius* ā patre abiit
  Germāniae terrās vīsitātūr**us**.

Der Sohn verließ seinen Vater,
weil er die Länder Germaniens
besuchen wollte /
um die Länder Germaniens
zu besuchen.

Das **Partizip Futur Aktiv** bezieht sich auf ein **Objekt** ① oder auf das **Subjekt** ② des Satzes; es ist verwendet als **Participium coniunctum** (↗47 G1).

Das **Partizip Futur Aktiv** erfüllt besonders nach den **Verben der Bewegung** (z. B. *abīre, currere, mittere*) die Funktion des **Adverbiales**. Es drückt einen Vorgang aus,

- der entsprechend seiner **Sinnrichtung** (↗39 G2.3) eine **Absicht** kennzeichnet (**finale** Sinnrichtung),

- der im **Zeitverhältnis** (↗47 G1.3) **nachzeitig** ist.

Satzmodell:

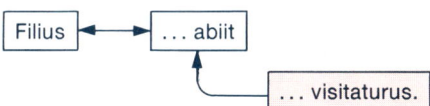

 Das adverbial verwendete Partizip Futur wird im Deutschen oft mit einem Gliedsatz wiedergegeben. Wenn deutscher Hauptsatz und deutscher Gliedsatz ein gemeinsames Subjekt haben, kann auch die Übersetzung *um . . . zu* mit Infinitiv gewählt werden.

Abeō ⎤
Currō ⎬ . . . aditūrus.
Mittor ⎦

Ich gehe weg, **weil** ich . . . besuchen **will**.
Ich eile **um** . . . **zu** besuchen.
Man schickt mich, **damit** ich . . . besuche.

G2 ▶ Infinitiv Futur Aktiv

① Pater putāvit
  Germānōs fīliō vim
  adhibi**tūrōs esse**.

Der Vater glaubte,
dass die Germanen seinem Sohn
Gewalt antun **würden**.

② Itaque prō certō habuit
  hoc *iter* eī perniciēī
  futūrum esse/fore.

Daher nahm er als sicher an,
diese Reise **werde** ihm zum
Verderben werden.

56

2.1 Bildung

Der **Infinitiv Futur** wird gebildet aus dem **Partizip Futur Aktiv** und der Copula ESSE: **-tūrum, -tūram, -tūrum esse**. Er richtet sich in Kasus, Numerus und Genus nach dem Subjekt des AcI (KNG-Regel): *Germānōs . . . -tūrōs esse* ①

Der **Infinitiv Futur** von ESSE lautet FUTURUM, -AM, -UM ESSE; dafür kann auch die unveränderliche Form FORE stehen. ②

2.2 Verwendung

Der Infinitiv Futur wird zumeist im AcI (↗18) verwendet; er bezeichnet einen Vorgang, der zum Vorgang des regierenden Satzes **nachzeitig** ist (↗27 G2: Zeitverhältnis im AcI).

57

G 1: ī-Konjugation: Präsens-Stamm (Infinitive, Präsens, Imperfekt)

G 2: ī-Konjugation: Präsens-Stamm (Futur I und Partizip Präsens)

G 1 ▶ ī-Konjugation: Präsens-Stamm (Infinitive, Präsens, Imperfekt)

vocā-re	vidē-re	audī-re
voca-t	vide-t	audi-t
vocā-mus	vidē-mus	audī-mus

Die ī-Konjugation ist nach dem Kennvokal *-ī-* benannt, auf den der Präsens-Stamm der zu ihr gehörenden Verben auslautet. Der Kennvokal *-ī-* ist in der Regel *lang*.

ā-, ē- und **ī-Konjugation** werden als **langvokalische** Konjugationen zusammengefasst.

1.1 Infinitiv Präsens (Aktiv und Passiv)

Konjugation	Aktiv		Passiv	
ā-	rufen	vocá-re	vocá-rī	gerufen werden
ē-	sehen	vidé-re	vidé-rī	gesehen werden
ī-	hören	audí-re	audí-rī	gehört werden
aber: **Konsonantische**	führen	dúc-ē-re	dúc-ī	geführt werden

1.2 Indikativ Präsens (Aktiv und Passiv) – Imperativ Präsens

	Aktiv		Passiv	
	ich sehe	*ich höre*	*ich werde gesehen*	*ich werde gehört*
Sg. 1.	vídeō	aúdiō	vídeor	aúdior
2.	vídēs	aúdīs	vidḗris	audī́ris
3.	víde-t	aúdit	vidḗtur	audī́tur
Pl. 1.	vidḗmus	audī́mus	vidḗ-mur	audī́mur
2.	vidḗtis	audī́tis	vidḗminī	audī́minī
3.	vídent	▶ aúdiunt	vidéntur	▶ audiúntur
Imperativ				
Sg.	vídē!	aúdī!	–	–
Pl.	vidḗte!	audī́te!	–	–

In der 3. **Person Plural** wird vor dem Person-Zeichen *-nt* der Vokal **-u-** eingeschoben: *audiunt*.

1.3 Konjunktiv Präsens (Aktiv und Passiv)

	Aktiv		Passiv	
Sg. 1.	vídeam	aúdiam	vídear	aúdiar
2.	vídeās	aúdiās	videā́ris	audiā́ris
3.	vídeat	aúdiat	videā́tur	audiā́tur
Pl. 1.	videā́mus	audiā́mus	videā́mur	audiā́mur
2.	videā́tis	audiā́tis	videā́minī	audiā́minī
3.	vídeant	aúdiant	videántur	audiántur

1.4 Indikativ/Konjunktiv Imperfekt (Aktiv und Passiv)

	Indikativ		Konjunktiv	
	Aktiv	Passiv	Aktiv	Passiv
Sg. 1.	audiḗbam	audiḗbar	audī́rem	audī́rer
2.	audiḗbās	audiēbā́ris	audī́rēs	audīrḗris
3.	audiḗbat	audiēbā́tur	audī́ret	audīrḗtur
Pl. 1.	audiēbā́mus	audiēbā́mur	audīrḗmus	audīrḗmur
2.	audiēbā́tis	audiēbā́minī	audīrḗtis	audīrḗminī
3.	audiḗbant	audiēbā́ntur	audī́rent	audīrḗntur

Beim **Indikativ Imperfekt** der ī-Konjugation wird vor das **Tempuszeichen -ba-** der Bindevokal **-ē-** eingeschoben: **audi-ē-bam/audi-ē-bar**.

57

G 2 ▶ ī-Konjugation: Präsens-Stamm (Futur I und Partizip Präsens)

2.1 Futur I (Aktiv und Passiv)

	Aktiv		Passiv
	ich werde sehen	*ich werde hören*	*ich werde gehört werden*
Sg. 1.	vidḗbō	aúdiam	aúdiar
2.	vidḗb*i*s	aúdiēs	audiḗris
3.	vidḗb*i*t	aúdiet	audiḗtur
Pl. 1.	vidḗb*i*mus	audiḗmus	audiḗmur
2.	vidḗb*i*tis	audiḗtis	audiḗminī
3.	vidḗb*u*nt	aúdient	audiḗntur

In der ī-Konjugation ist das **Tempuszeichen des Futurs -ē-**, abweichend davon jedoch in der 1. Person Singular **-a-**.

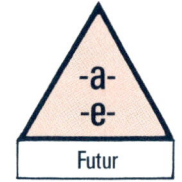
Futur

2.2 Partizip Präsens Aktiv

ā-Konjugation	ē-Konjugation	ī-Konjugation
vócā---ns	vídē---ns	aúd**i-ē**-ns
vocá---ntis	vidé---ntis	audi-é-ntis
rufend	*sehend*	*hörend*

Wie im Imperfekt (↗ 1.4) tritt beim Partizip Präsens Aktiv der Bindevokal **-e-** auf.

58

G 1: ESSE: Komposita
G 2: Zur Kasuslehre: Dativ bei Verba composita von ESSE; Dativ des Vorteils

G 1 ▶ ESSE: Komposita

1.1 Präsens: Indikativ ESSE – ADESSE – PRODESSE

	ich bin	*ich helfe*	*ich nütze*
Sg. 1.	sum	ád-sum	prṓ--sum
2.	es	ád-es	prṓd-es
3.	est	ád-est	prṓd-est
Pl. 1.	sumus	ád-sumus	prṓ--sumus
2.	estis	ad-éstis	prōd-éstis
3.	sunt	ád-sunt	prṓ-sunt
Inf.	esse	ad-ésse	prōd-ésse

Beachte:
prō-sum,
prō-sumus,
prō-sunt

aber: prōd-est,
prōd-estis,
prōd-esse

(-*d*- zwischen Vokalen wird zur Erleichterung der Aussprache eingeschoben.)

32

1.2 Präsens: Konjunktiv – Imperfekt: Indikativ/Konjunktiv – Futur I

sim	éram	éssem	érō
ád-sim	ád-eram	ad-éssem	ád-erō
prṓ-sim	prṓd-eram	prōd-éssem	prṓd-erō

1.3 Komposita von ESSE (mit Stammformen)

ab|sum	ā**fuī**	āfutūrus	abesse	abwesend/entfernt sein, fehlen
ad|sum	af**fuī**	affutūrus	adesse	anwesend sein, helfen
dē|sum	dē**fuī**	–	deesse	fehlen, mangeln
inter|sum	inter**fuī**	–	interesse (*m. Dat.*)	teilnehmen (*an*)
inter|est	inter**fuit**	–	interesse	es besteht ein Unterschied; es ist wichtig
prō|sum	prō**fuī**	prōfutūrus	prōdesse	nützlich sein, nützen

af-fuī < *ad-fuī* (↗L 23: Assimilation)

G 2 ▶ Zur Kasuslehre

2.1 Dativ bei Verba composita von ESSE

adesse amīcō	*dem Freund* helfen
interesse lūdīs	**an den Spielen** teilnehmen
prōdesse comiti**bus**	**für die Gefährten** nützlich sein

Die Komposita von ESSE sind **intransitiv** (↗9 G 2.2).

2.2 Dativ des Vorteils

cōnsulere aliīs	**für andere** sorgen
timēre vītae suae	**um sein Leben** fürchten
dīvitiās **sibi** comparāre	**(für) sich** Schätze erwerben
honōrī **mihi** est	es ist **für mich** ehrenvoll / es bedeutet **für mich** eine Ehre
ūtile / ūsuī } **mihi** est	es ist **für mich** nützlich / es ist **für mich** von Nutzen

Der Dativ gibt auch die Person oder Sache an, zu deren **Nutzen/Vorteil** etwas geschieht: **Dativus commodi**[1] (häufig in Verbindung mit Dativus finalis ↗54 G 2).

 Der **Dativus commodi** wird im Deutschen zumeist mit einem **Präpositionalausdruck** wiedergegeben, z. B.
sibi cōnsulere: **für sich** sorgen.

---

[1] *cómmodum, -ī*: Vorteil, Nutzen

59

G 1: ī-Konjugation: Perfekt-Stamm Aktiv und Passiv
G 2: Abhängige Subjekt- und Objektsätze

G 1 ▶ ī-Konjugation: Perfekt-Bildungen – PPP

1.1

Präsens	Perfekt	PPP	Infinitiv	
Perfekt mit -v-:				
audiō	audīvī	audītum	audīre	hören
sciō	scīvī	–	scīre	wissen, verstehen
ne|sciō	nescīvī	–	nescīre	nicht wissen, nicht verstehen
Perfekt mit -u-:				
operiō	operuī	opertum	operīre	zudecken, bedecken
Perfekt mit -s-:				
sentiō	sēnsī	sēnsum	sentīre	fühlen, merken, meinen
cōn|sentiō	cōnsēnsī	cōnsēnsum	cōnsentīre	übereinstimmen
hauriō	hausī	haustum	haurīre	schöpfen, leeren
Perfekt durch Dehnung:				
veniō	vēnī	ventum	venīre	kommen
con|veniō	convēnī	conventum	convenīre	zusammenkommen, zustande kommen; sich einigen
in|veniō	invēnī	inventum	invenīre	finden, erfinden
Perfekt durch Reduplikation:				
com|periō	cómperī	compertum	comperīre	erfahren
re|periō	répperī	repertum	reperīre	wieder finden

sēnsī <**sent-si* (↗L 26.2)
repperī <**re-pe-perī* (*-pp-* ist Rest einer Reduplikation)

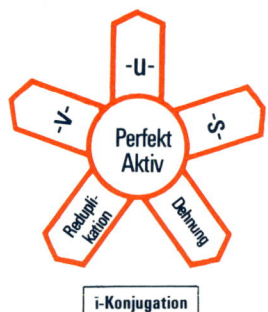

1.2 Perfekt Aktiv und Partizip Perfekt Passiv

- Verben, die das Perfekt mit *-v-* bilden, bilden das *PPP* auf *-ītum*.

- Verben, die das Perfekt mit *-u-*, *-s-*, durch *Dehnung* oder *Reduplikation* bilden, enthalten im *PPP* n i c h t den Kennvokal *-ī-*.

G 2 ▶ Abhängige Subjekt- und Objektsätze

2.1 Abhängige Aussage- und Fragesätze als Subjekt und Objekt

① *Accidit,*
    ut hominēs in thermīs
    veste spolientur.

Es kommt vor,
    dass Leute in (öffentlichen) Bädern
    ihrer Kleider beraubt werden.

② *Narrātis* mihi,
    quid in thermīs accidat.

Ihr *erzählt* mir,
    was in (öffentlichen) Bädern vorkommt.

Gliedsätze können die **syntaktische Funktion** des **Subjekts** oder des **Objekts** innehaben.

In ① enthält der Gliedsatz eine **Aussage** über ein **Geschehen**:

Hominēs ... spoliantur.: **Abhängiger Aussagesatz**.

Dieser Gliedsatz erfüllt die **syntaktische Funktion** des **Subjekts** *(„Was kommt vor?")*: **Subjektsatz**.

Im Satzmodell:

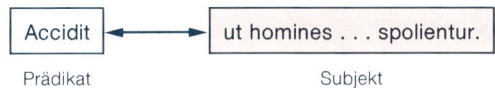

Accidit — Prädikat | ut homines ... spolientur. — Subjekt

Abhängige Aussagesätze, die durch UT mit Konjunktiv (Verneinung UT NON) eingeleitet werden, stehen nach **unpersönlichen Ausdrücken**, z. B.

| accidit, **ut** | es ereignet sich; es kommt vor, **dass** |
| contingit, **ut** | es gelingt; es glückt, **dass** |

In ② enthält der Gliedsatz eine **Frage**: *Quid in thermīs accidit?:*
Abhängiger Fragesatz (↗ 41 G 2.2; 42 G 2.1).

Dieser Gliedsatz erfüllt die **syntaktische Funktion** des **Objekts** *(„Was erzählt ihr mir?")*: **Objektsatz**.

Im Satzmodell:

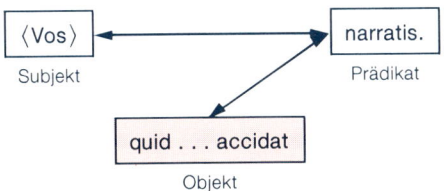

⟨Vos⟩ — Subjekt
narratis. — Prädikat
quid ... accidat — Objekt

59 2.2 Abhängige Begehrsätze als Subjekt und Objekt

① *Perīculum est,* *Es besteht die Gefahr,*
   nē hominēs in thermīs   **dass** Leute in (öffentlichen) Bädern
   veste spolientur,   ihrer Kleider beraubt werden.
② *Timeō,* *Ich befürchte,*
   nē id mihi quoque accidat.   **dass** dies auch mir geschieht.

In ① und ② enthält der jeweilige Gliedsatz ein **Begehren** *(„Mögen sie ... nicht beraubt werden!"* bzw. *„Möge dies nicht geschehen!")*: **Abhängiger Begehrsatz** (↗41 G2.2) als **Subjekt** bzw. als **Objekt**.

Abhängige Begehrsätze, die durch NE mit Konjunktiv (Verneinung NE NON) eingeleitet werden, stehen nach **Ausdrücken/Verben des Fürchtens**, z. B.

| perīculum est, **nē** | es besteht die Gefahr, **dass** |
| timēre, **nē** | befürchten/fürchten, **dass** |

60
G 1: Zur Kasuslehre: Ablativ des Maßes/Unterschieds – der Beziehung
G 2: Zur Kasuslehre: Genitiv zur Angabe des Besitzverhältnisses

G 1 ▶ Zur Kasuslehre: Ablativ des Maßes/Unterschieds – der Beziehung

① multō ⎤
   paulō ⎦ *melior, -ius*
   nihilō *minus*
   multō *ante*
   paulō *post*
② paulō *superāre* aliōs
③ paulō *superāre* aliōs industriā

viel (**um** vieles) ⎤
wenig (**um** weniges) ⎦ besser
nichtsdestoweniger, trotzdem
viel früher (**um** vieles früher)
wenig später, kurz danach
andere wenig (ein bißchen) übertreffen
andere wenig **an Fleiß** übertreffen

Der **Ablativ** bezeichnet auch das **Maß**, um das sich **beim Vergleichen** (*Komparation*) das eine vom anderen unterscheidet: **Ablativus mensurae**[1].
Er steht:
① bei **Komparativen** bzw. bei sinnverwandten Adverbien,
② bei **Verben mit komparativischer Bedeutung**.

Nach dem **Ablativus mensurae** fragt man

„UM WIEVIEL?"

③ Bei Verben mit komparativischer Bedeutung findet sich häufig neben dem Ablativ des Maßes ② der **Ablativ** eines **Substantivs**. Dieser gibt an, in welcher **Beziehung** der Vergleich angestellt wird: **Ablativ der Beziehung** (↗70 G2).

---
[1] *mēnsūra, -ae:* Maß

G2 ▶ Zur Kasuslehre:
Genitiv zur Angabe des Besitzverhältnisses

① Domum pat**ris** inīmus.	Wir betreten das Haus des Vaters.
② Haec domus pat**ris/eius** est.	Dieses Haus **gehört** dem Vater / ihm.
	(Dieses Haus ist das des Vaters / dessen Haus.)
③ Haec domus nost**ra** est.	Dieses Haus **gehört** uns.
	(Dieses Haus ist unseres.)

2.1 Der Genitiv bezeichnet als Kasus der **Zugehörigkeit** wie im Deutschen auch den **Besitzer** einer Sache: **Genitivus possessoris** (↗Dativus possessivus: 16 G2).

Der **Genitivus possessoris** kann
  ① die **Funktion eines Attributs** (↗8 G1.2),
  ② in Verbindung mit ESSE (gehören)
      die **Funktion eines Prädikatsnomens** übernehmen (↗16 G2).

Ein **Genitivus possessoris** von **Personal-Pronomina** der 1. und 2. Person ist ungebräuchlich.
Dafür werden die **Possessiv-Pronomina** (*meus, tuus, noster, vester*) verwendet ③.

Satzmodell:

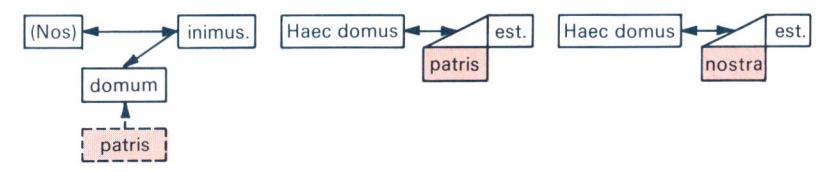

2.2 Genitivus possessoris in übertragener Bedeutung

① Magistrātu**um** est	Es ist *Aufgabe / Pflicht / Sache* **der Behörden**,
omnibus cīvibus cōnsulere.	für alle Bürger zu sorgen.
② Nostr**um est**	Es ist **unsere** *Aufgabe / Pflicht / Sache*,
omnibus adesse.	allen beizustehen.
③ Iūstī virī **est**	Es ist *Zeichen* **eines gerechten Mannes**,
nēminī nocēre.	niemandem zu schaden.

Genitivus possessoris ① ③ bzw. **Possessiv-Pronomen** ② stehen in Verbindung mit ESSE in **übertragener Bedeutung**.

Beispiele für Wiedergabe in übertragener Bedeutung:

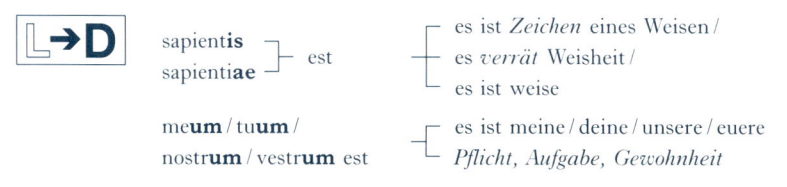

L→D	sapient**is** / sapienti**ae** est	es ist *Zeichen* eines Weisen / es *verrät* Weisheit / es ist weise
	me**um** / tu**um** / nostr**um** / vestr**um** est	es ist meine / deine / unsere / euere *Pflicht, Aufgabe, Gewohnheit*

ZUR SYSTEMATISCHEN WIEDERHOLUNG DER LEKTIONEN 51–60

Damit du den neu hinzugelernten Stoff leichter wiederholen kannst, ist er im folgenden übersichtlich zusammengestellt.

1. **Zur Formenlehre**
   1.1 **Nomen**
   u-Deklination; Deklination von DOMUS 55 G1
   Zahlwörter: Grund- und Ordnungszahlen 54 G1

   1.2 **Verbum**
   Tempus:
       Infinitiv Futur Aktiv 56 G2.1
   Modus:
       Konjunktiv Imperfekt 51 G1.1
       Konjunktiv Plusquamperfekt 51 G2.1
   ī-Konjugation:
       Präsens-Stamm 57 G1/2
       Perfekt-Stamm Aktiv und Passiv 59 G1
   ESSE: Komposita 58 G1
   Nominalformen:
       Partizip Futur Aktiv 56 G1
       Infinitiv Futur Aktiv 56 G2

2. **Zur Syntax**
   2.1 **Kasuslehre**
   Genitiv zur Angabe des Subjekts und des Objekts 55 G2
   Genitiv zur Angabe des Besitzverhältnisses 60 G2
   Dativ des Zwecks 54 G2
   Dativ bei Komposita von ESSE 58 G2.1
   Dativ des Vorteils 58 G2.2
   Ablativ des Maßes / Unterschieds – der Beziehung. 60 G1

   2.2 **Satzlehre**
   Modi in Haupt- und Gliedsätzen:
       Optativ . . . . 51 G1.2 / 2.2
       Irrealis . . . . 51 G1.2 / 2.2
       Konjunktiv (Imperfekt, Plusquamperfekt) . . . . . . 51 G1.2 / 2.2
   Arten von Gliedsätzen:
       Abhängige Subjekt- und Objektsätze 59 G2

   2.3 **Nominalformen des Verbums**
   Ablativus absolutus 52 G1/2; 53 G1/2
   Partizip Futur Aktiv – Verwendung 56 G1.2/3
   Infinitiv Futur Aktiv – Verwendung 56 G2.2

61

G 1: Nominativus cum Infinitivo (NcI): Konstruktion und Funktion
G 2: Nominativus cum Infinitivo (NcI): Übersetzung und Zeitverhältnis

G 1 ▶ Nominativus cum Infinitivo (NcI)

① **Imperātor** fortiss**imus**   Es wird gesagt,   ⎤ **dass** der Kaiser
   esse dīcitur.   Man sagt,   ⎦ sehr tapfer **sei**.

② **Imperātor** Rōmā **abesse** Es wird angenommen,   ⎤ **dass** der Kaiser nicht
   putātur.   Man glaubt,   ⎦ in Rom **ist**.

1.1 Konstruktion

Von transitiven Verben wie *dīcere* ①, *putāre* ②, auch *vidēre, trādere, iubēre* kann, wenn sie im **Passiv** stehen, ein **Satzbauelement** abhängig sein, das jeweils aus einem **Nominativ** und einem **Infinitiv** besteht.

- Nominativ und Infinitiv werden (wie Akkusativ und Infinitiv beim AcI ↗ 18 G 1.1) als zusammengehörige Einheit empfunden:

  NOMINATIVUS CUM INFINITIVO

  NcI

- Ein **Prädikatsnomen** im NcI steht nach der KNG-Regel **im Nominativ**: *imperāt**or** fortiss**imus**.* ①

1.2 Syntaktische Funktion

Der **NcI** erfüllt im Satz **immer** die **syntaktische Funktion des Subjekts**.

Satzmodell:

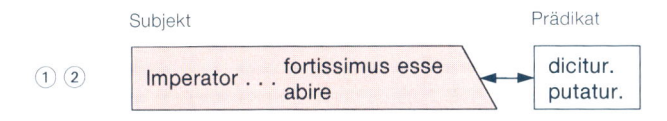

	Subjekt	Prädikat
① ②	Imperator ... fortissimus esse / abire	dicitur. / putatur.

G 2 ▶ Übersetzung und Zeitverhältnis

① Legiōnēs abīre iube**ntur**.   ⎧ **Man** befiehlt,   ⎤ dass die Legionen
                                      ⎩ **Es** wird befohlen, ⎦ abziehen.

② Imperātor adesse ⎧ dīci**tur**.   Der Kaiser ⎧ **soll** anwesend sein.
                   ⎩ vidē**tur**.   ⎩ **scheint** anwesend zu sein.

③ Perīcula timēre vidē**minī**.   ⎧ *Es* scheint, dass ihr Gefahren fürchtet.
                                      ⎨ **Ihr** scheint Gefahren zu fürchten.
                                      ⎩ **Anscheinend** fürchtet ihr Gefahren.

L→D In den meisten Fällen erfordert die Übersetzung des NcI einen Umbau der Struktur in eine „**unpersönliche**" Konstruktion. ①

2.1 Dabei gilt folgende Umbau-Regel:

Lateinisch		Deutsch	
NcI			**Gliedsatz**
Nominativ – Infinitiv	dīcitur	Man sagt,	
	putātur	Man glaubt,	dass Subjekt – Prädikat
	vidētur	Es scheint,	

L→D Manchmal lässt sich der NcI im Deutschen durch „**persönliche Konstruktion**" oder durch **Adverb** wiedergeben. Dies gilt für *dīcī* und *vidērī*. ②③

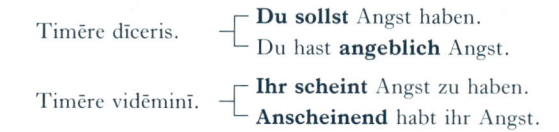

Timēre dīceris. ⎰ **Du sollst** Angst haben.
⎱ Du hast **angeblich** Angst.

Timēre vidēminī. ⎰ **Ihr scheint** Angst zu haben.
⎱ **Anscheinend** habt ihr Angst.

2.2 Zeitverhältnis

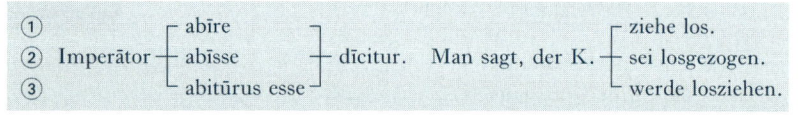

① ⎡ abīre ⎤   ⎡ ziehe los.
② Imperātor ⎢ abīsse ⎥ dīcitur. Man sagt, der K. ⎢ sei losgezogen.
③ ⎣ abitūrus esse ⎦   ⎣ werde losziehen.

Für das **Zeitverhältnis** im **NcI** gelten dieselben Regeln wie beim **AcI** (↗27 G2):

Zeitstufe des Infinitivs	Zeitverhältnis	
Präsens (-Stamm)	**gleich**zeitig	①
Perfekt (-Aktiv/Passiv-Stamm)	**vor**zeitig	②
Perfekt-Passiv-Stamm auf -ūrus, -a, -um	**nach**zeitig	③

62 **G 1:** Zu den Tempora: Imperfekt – Perfekt – Plusquamperfekt
G 2: Zu den Tempora: Historisches Präsens – Historischer Infinitiv

G 1 ▶ Zu den Tempora: Imperfekt – Perfekt – Plusquamperfekt

① **Erant** Athēnīs multae et pulchrae domūs, sed ūna perīculōsa **erat**.
Es **gab** in Athen viele schöne Häuser, aber eines **war** gefährlich.

② Nam in illā mōnstrī clāmor **audiēbātur**.
Denn in ihm **hörte** man das Schreien eines Gespenstes.

③ Multī illud mōnstrum fugā**bant**.
Viele **versuchten**, jenes Gespenst **zu vertreiben**.

④ Iam hominēs domum dēser**uerant**.
Schon **hatten** die Menschen das Haus **verlassen**.

⑤ Tum Athēnodōrus quīdam Athēnās **vēnit**.
Da **kam** ein gewisser Athenodorus nach Athen.

⑥ Quī hominēs ab illō mōnstrō līberā**vit**.
Dieser **hat** die Menschen von jenem Gespenst **befreit**.

1.1 Imperfekt und Plusquamperfekt: Tempora des Hintergrunds

Imperfekt und **Plusquamperfekt** kennzeichnen Geschehnisse oder Zustände, die den für längere Zeit fortdauernden Hintergrund eines anderen Geschehens bilden (↗ 21 G2).

Das **Imperfekt** *beschreibt*

- **Begleitumstände** ①,
- **andauernde** und **sich wiederholende** Geschehnisse und **Gewohnheiten** ②,
- **sich entwickelnde** Geschehnisse und **versuchte** Handlungen ③.

Das **Plusquamperfekt** *bezeichnet*

- Geschehnisse, die bereits vor dem erzählten Hauptgeschehen **abgeschlossen** waren,
- Geschehnisse, die als **Zustände** in der Vergangenheit **weiterwirkten** ④.

1.2 Perfekt

Das **Perfekt** kennzeichnet Handlungen und Vorgänge, die im Vordergrund eines Geschehens stehen und als **endgültige Ergebnisse** hingestellt werden (↗ 21 G2).

Das **Perfekt**

- *erzählt* **einmalige** Handlungen und Vorgänge (*historisches Perfekt*) ⑤,
- *stellt* Handlungen und Vorgänge als **abgeschlossene Tatsachen** *fest* (*konstatierendes Perfekt*) ⑥.

L→D Das *historische Perfekt* wird im Deutschen durch das **Präteritum** (*Imperfekt*) wiedergegeben ⑤.
Dem *konstatierenden Perfekt* entspricht auch im Deutschen die Übersetzung mit **Perfekt** ⑥.

62 G 2 ▶ Historisches Präsens – Historischer Infinitiv

① Omnēs iam illud mōnstrum timēbant. — Alle **hatten** schon vor jenem Gespenst **Angst.**
② Tum Athēnodōrus noctū in eā domō **manet.** — Da **bleibt** Athenodorus nachts in diesem Haus.
③ Subitō clāmōrem **audit**; — Plötzlich **hört** er Schreien;
④ catēnae **movērī**, senex **appārēre.** — Ketten **werden bewegt**, ein alter Mann **erscheint.**

- Das **Präsens** dient im Lateinischen wie im Deutschen zunächst zur **Feststellung** einer zeitlos-gültigen Aussage und zur **Beschreibung** von Vorgängen und Zuständen, die in der Gegenwart andauern.

- Das **Präsens** kann auch – wie das Imperfekt ① – in **lebhafter Erzählung** *(Schilderung)* verwendet werden, nämlich wenn der Erzähler ein **vergangenes** Geschehen *vergegenwärtigen* will:
  – als *dramatisches (Historisches) Präsens* ②, ③,
  – als *Historischer Infinitiv* (Präsens) ④.

63
G 1: Demonstrativ-Pronomen IDEM
G 2: Zu den Tempora: Präsentisches Perfekt

G 1 ▶ Demonstrativ-Pronomen: IDEM, EADEM, IDEM

1.1 Deklination

	īdem, eadem, idem *derselbe / eben dieser*					
	Singular			Plural		
	m	f	n	m	f	n
N./V.	īdem	éadem	idem	īdem	eaedem	éadem
G.		eiúsdem		eōrúndem	eārúndem	eōrúndem
D.		eídem			īsdem	
Akk.	eundem	eandem	idem	eōsdem	eāsdem	éadem
Abl.	eōdem	eādem	eōdem		īsdem	

eu**n**dem, ea**n**dem; eōru**n**dem, eāru**n**dem: *-nd-* <* *-md-* (↗ L24: Konsonantenannäherung)
que**n**dam, quōru**n**dam (↗49 G1.1)
īdem < iīdem; īsdem < iīs-dem (↗L19: Kontraktion)

IDEM, EADEM, IDEM ist aus dem Demonstrativ-Pronomen IS, EA, ID und der Nachsilbe (Suffix) -DEM zusammengesetzt.

1.2 Verwendung

Idem dux iterum superātus est.	**Derselbe** Feldherr wurde zum zweiten Mal besiegt.

IDEM betont die **Gleichheit** *(„Identität")* mit bereits Bekanntem oder Erwähntem.

Beachte:

L→D īdem **atque** ...   ⎤
 īdem, **quī** ...   ⎦ derselbe **wie** / der gleiche **wie** ...

G 2 ▶ Zu den Tempora: Präsentisches Perfekt

cōnsuēvī	ich habe mich gewöhnt ①
	ich bin gewohnt, ich pflege ②
nōvī	ich habe kennengelernt ①
	ich kenne, ich weiß ②
meminī	ich gedenke, erinnere mich ③
ōdī	ich hasse ④

2.1 Das Perfekt von CONSUESCERE und NOSCERE bezeichnet:

- einen **einmaligen Vorgang** in der **Vergangenheit** *(ich habe mich gewöhnt* bzw. *ich habe kennen gelernt)* ①,
- den aus dem Abschluss des Vorgangs sich ergebenden **Zustand** in der **Gegenwart** *(ich bin gewohnt, ich pflege* bzw. *ich kenne, ich weiß)* ②.

MEMINISSE und ODISSE begegnen **nur** im **Perfekt-Stamm** ③ ④.

2.2 CONSUEVISSE, NOVISSE, MEMINISSE und ODISSE haben die **Formen des Perfekt-Stammes**, aber **präsentische Bedeutung**, z. B.

cōnsuēvī	ich bin gewohnt
nōv**eram**	ich kannte, ich wusste
memin**issem**	ich **würde** gedenken
ōd**erō**	ich **werde** hassen

64

G 1: VELLE, NOLLE, MALLE

G 2: Verallgemeinerndes Relativ-Pronomen QUICUMQUE – QUISQUIS

G 1 ▶ VELLE, NOLLE, MALLE

1.1 Präsens: Indikativ/Konjunktiv – Infinitiv

Indikativ				Konjunktiv	
ich bin	*ich will*	*ich will nicht*	*ich will lieber*	*ich sei*	*ich wolle*
s*u*m	volō	nōlō	mālō	sim	velim
es	vīs	nōn vīs	māvīs	sīs	velīs
est	vult	nōn vult	māvult	sit	velit
s*u*mus	vol*u*mus	nōl*u*mus	māl*u*mus	sīmus	velīmus
estis	vultis	nōn vultis	māvultis	sītis	velītis
s*u*nt	vol*u*nt	nōl*u*nt	māl*u*nt	sint	velint
es-*se*	vel*le*	nōl*le*	māl*le*		

velle < *vel-se (vgl. es-se ↗ L 23: Assimilation)
vīs < *vois < *vols
mālle < *ma (-gis) velle

Zwischen den Stamm und das konsonantisch anlautende Person-Zeichen tritt der Bindevokal -*u*-, z. B. *vol-u-mus, nōl-u-nt* (vgl. *s-u-mus, s-u-nt*).

Das Modus-Zeichen des **Konjunktiv Präsens** ist bei ESSE und VELLE **-i-**; ebenso bei NOLLE, MALLE: nōlim, mālim (vgl. *s-i-m*).

1.2 Imperfekt: Indikativ/Konjunktiv – Futur I

ich wollte	*ich würde wollen*	*ich werde wollen*
volēbam	vellem	volam
volēbās	vellēs	volēs
volēbat	vellet	volet
volēbāmus	vellēmus	volēmus
volēbātis	vellētis	volētis
volēbant	vellent	volent

Der Stamm von VELLE lautet in den Indikativformen des Präsens-Stammes **vol-**, in den Konjunktivformen **vel-**.

Im Indikativ Imperfekt tritt zwischen den Stamm *vol-* und das Tempus-Zeichen -*ba*- der Bindevokal -*e*- : *vol-ē-bam*.

1.3 Das **Perfekt** von VELLE, NOLLE, MALLE wird mit **-u-** gebildet.

volō	voluī	velle	wollen
nōlō	nōluī	nōlle	nicht wollen
mālō	māluī	mālle	lieber wollen

1.4 Verwendung im Wunschsatz

① **Velim** mē audiātis! **Hoffentlich** hört ihr mich!
② **Vellem** mē audīrētis! **Würdet** ihr mich doch hören!
　 Nōllem mē sprēvissētis! **Hättet** ihr mich doch nicht abgelehnt!

VELIM ① (auch NOLIM, MALIM) und VELLEM ② (auch NOLLEM, MALLEM) können anstelle von UTINAM **Wunschsätze** einleiten, die ① als **erfüllbar** (↗41 G 2.1) bzw. ② **unerfüllbar** gedacht werden (↗51 G 1.2/2.2).

G 2 ▶ Verallgemeinerndes Relativ-Pronomen QUICUMQUE – QUISQUIS

2.1 Deklination

	adjektivisch: welcher ... auch immer jeder ..., der			substantivisch: wer auch immer jeder, der	
	m	f	n	m/f	n
Singular	quīcumque	quaecumque	quodcumque	quisquis	quicquid/quidquid
		cuiuscumque		–	–
		cuicumque		–	–
	quemcumque	quamcumque	quodcumque	–	quicquid/quidquid
	quōcumque	quācumque	quōcumque	–	–

quicquid < quidquid (↗L 23: Assimilation)

Beachte:

QUOQUO MODO (adjektivisch!): auf welche Weise auch immer; wie auch immer

2.2 Verwendung

① Omnia, **quae** petīvī, Alles, **was** ich verlangte,
　 (ea) mihi data sunt. (das) ist mir gegeben worden.
② **Quāscumque** rēs petīvī, **Alle Dinge, die** ich verlangte,
　 mihi datae sunt. sind mir gegeben worden.
③ **Quicquid (quidquid)** petīvī, **Was auch immer** / Alles, was ich verlangte,
　 mihi datum est. (das) ist mir gegeben worden.

Das verallgemeinernde Relativ-Pronomen wird **adjektivisch** ② und **substantivisch** ③ gebraucht.
Es hat die Bedeutung von *omnēs, quī / omnēs, quae / omnia, quae* ① (↗29 G 1.1) und leitet folglich stets einen **Relativ-Satz mit Indikativ** ein.

64

adjektivisch	omnēs *virī*, quī omnēs *rēs*, quae	quīcumque *virī* quaecumque *rēs*	alle Männer, die alle Sachen, die ②
substantivisch	omnēs, quī ① omnia, quae	quisquis *(Sing.!)* quidquid/ quicquid *(Sing.!)*	wer auch immer; jeder, der; alle, die ③ was auch immer; alles, was

Der verallgemeinernde Relativ-Satz steht im Satzgefüge in der Regel **vor** dem Hauptsatz. ② ③

65

G 1: Zur Kasuslehre: Ablativ und Genitiv zur Preisangabe
G 2: Zur Kasuslehre: Genitiv bei Verben der Gerichtssprache

G 1 ▶ Zur Kasuslehre: Ablativ und Genitiv zur Preisangabe

① Quīdam servī **māgnō**
    (māgnō pretiō) cōnstābant.

② Dominī Rōmānī
    quōsdam servōs Graecōs
    plū**ris** ēmērunt quam aliōs.

Bestimmte Sklaven kosteten **viel**
(einen **hohen** Preis).

Die römischen Herren kauften
bestimmte griechische Sklaven
teurer als andere.

1.1 Zur Angabe des Preises *(pretium, -ī)* steht bei den Verben des Kaufens

- der **Ablativus pretii** ① oder
- der **Genitivus pretii** ②; dieser nur in den Formen PLURIS, MINORIS; TANTI, QUANTI.

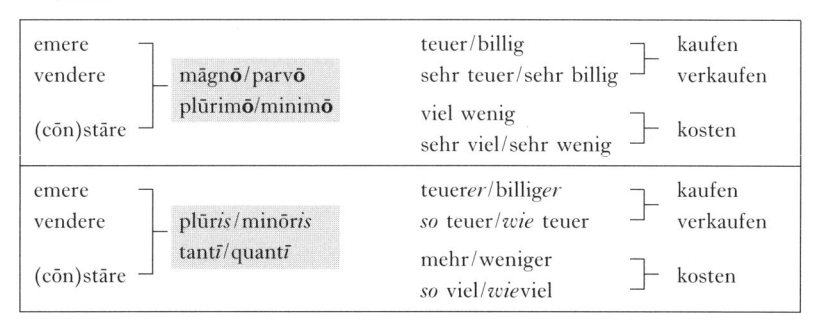

emere vendere (cōn)stāre	māgnō/parvō plūrimō/minimō	teuer/billig sehr teuer/sehr billig viel wenig sehr viel/sehr wenig	kaufen verkaufen kosten
emere vendere (cōn)stāre	plūr*is*/minōr*is* tant*ī*/quant*ī*	teuer*er*/billig*er* *so* teuer/*wie* teuer mehr/weniger *so* viel/*wie*viel	kaufen verkaufen kosten

46

1.2 Zur Bezeichnung eines **allgemeinen Wertes** steht der **Genitivus pretii** bei folgenden Verben:

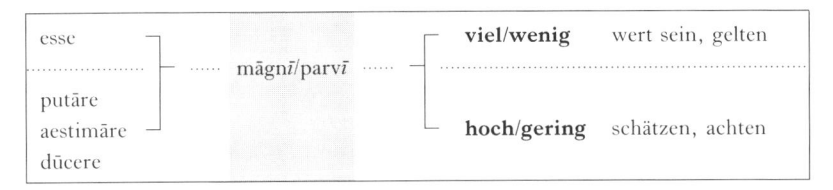

esse		**viel/wenig**	wert sein, gelten
putāre	māgnī/parvī		
aestimāre		**hoch/gering**	schätzen, achten
dūcere			

G 2 ▶ Zur Kasuslehre: Genitiv bei Verben der Gerichtssprache

Bei einigen Verben, insbesondere bei solchen, deren Bedeutung auf den Bereich von **Schuld**, **Vergehen** und **Strafe** verweist, steht der **Genitiv**, bisweilen auch ein **Präpositionalausdruck** in der syntaktischen Funktion des Objekts.

2.1 Verben (**Genitivus criminis**)

Tat, Vergehen, Schuld:

admonēre factī (dē factō)	an eine Tat erinnern
accūsāre/arguere sceleris	eines Verbrechens anklagen
convincere sceleris	eines Vergehens überführen
damnāre iniūriae (dē iniūriā)	wegen einer Beleidigung verurteilen

Strafe, Strafmaß:

accūsāre capitis	auf Leben und Tod anklagen
damnāre capitis	zum Tod verurteilen
absolvere crīminis	von einem Vergehen freisprechen

2.2 Unpersönliche Ausdrücke

paenitet		diese Tat reut mich, ich bereue diese Tat
pudet	mē huius factī	diese Tat beschämt mich, ich schäme mich (wegen) dieser Tat

66

G 1: Indefinit-Pronomina QUIS – QUI; ALIQUIS – ALIQUI
G 2: Indefinit-Pronomina QUISQUAM – ULLUS

G 1 ▶ Indefinit-Pronomina QUIS – QUI; ALIQUIS – ALIQUI

① **Quis** vestrum nōn audīvit — **Wer** von euch hat noch nicht
dē puerōrum audācium factīs? von Lausbubenstreichen gehört?
② Sī **quis** nōn audīvit, — Wenn **jemand** („wer") nicht davon hörte,
audiat dē Cottalī factīs! möge er von Cottalus' Streichen hören!
③ Is saepe **aliquid** malī — Dieser hat sich häufig **etwas**
et in mātrem et in magistrum Schlimmes gegenüber Mutter und
commīsit. Lehrer zu Schulden kommen lassen.

1.1 Das **Indefinit-Pronomen** wird wie das **Interrogativ-Pronomen** QUIS, QUID (↗14 G1) ① und QUI, QUAE, QUOD (↗37 G2) dekliniert:

substantivisch		adjektivisch	
... **quis**	(irgend) jemand	... **quī** dux	(irgend-)ein Führer
... **quid**	(irgend) etwas	... **qua** pars	(irgend-)ein Teil
		... **quod** tempus	(irgend-)eine Zeit

Ausnahme: **QUA** ⟨ Nominativ Singular **Femininum** / Nominativ/Akkusativ Plural **Neutrum** ⟩ statt **QUAE**

1.2 Das **Indefinit-Pronomen** QUIS, QUID bzw. QUI, QUA, QUOD ist **unbetont** und **lehnt sich** an ein vorausgehendes ‚Stützwort' *(sī quis – wenn ‚wer')* an. ②

Solche „Stützwörter" sind:

SI – NISI – NE – NUM – QUO – UBI – CUM

1.3 Das **selbständig** (ohne Stützwort) **gebrauchte Indefinit-Pronomen** ist ALIQUIS, ALIQUID *(substantivisch)* und ALIQUI, ALIQUA, ALIQUOD *(adjektivisch)*.

substantivisch		adjektivisch	
aliquis	irgendeiner, jemand	**aliquī** dux	irgendein Führer
aliquid	irgend etwas	**aliqua** pars	irgendein Teil
		aliquod tempus	irgendeine Zeit

ALIQUIS/ALIQUI werden wie das Indefinit-Pronomen QUIS/QUI (↗G 1.1) dekliniert.

Beachte:

ALIQUIS und ALIQUI kommen in der Regel nur in Sätzen vor, die **keine Verneinung** (*nōn, neque, vix, sine* u. ä.) enthalten.

G 2 ▶ QUISQUAM – ULLUS

① *Vix* **quisquam** Cottalum laudābit. *Kaum* **einer** / *Kaum* **jemand** wird Cottalus loben.
② *Neque* **ūllā** laude dīgnus est. Er verdient auch **kein** Lob.

2.1 Das Indefinit-Pronomen QUISQUAM, QUICQUAM *(substantivisch)* und ULLUS, ULLA, ULLUM *(adjektivisch)* hat die gleiche Bedeutung wie ALIQUIS bzw. ALIQUI (↗G 1.3).

substantivisch	adjektivisch
(vix) **quisquam** *(kaum)* irgendeiner / jemand	*(vix)* **ūllus** homō *(kaum)* ein Mensch
	(vix) **ūlla** pars *(kaum)* ein Teil
(vix) **quicquam** *(kaum)* irgendetwas	*(vix)* **ūllum** tempus *(kaum)* eine Zeit

quicquam < *quidquam* (↗L 23: Assimilation)

QUISQUAM, QUICQUAM wird wie das substantivische Interrogativ-Pronomen *quis, quid* dekliniert, also: *cuiusquam, cuiquam* . . . (↗14 G 1).
ULLUS, ULLA, ULLUM wird wie *nūllus, nūlla, nūllum* (↗32) dekliniert, also: *ūllīus, ūllī, ūllum, -am, -um* . . .

2.2 QUISQUAM und ULLUS stehen in der Regel in Sätzen, die eine **Verneinung** (*neque, vix, sine* u. ä.) enthalten. ① ②

Beachte:

Negant sē **quicquam** *vīdisse.* Sie behaupten, **nichts** gesehen zu haben.
 (Sie *leugnen*, **etwas** gesehen zu haben.)
neque **quisquam** und **niemand**
sine **ūllā** *spē* ohne **jegliche** Hoffnung

2.3 Zusammenfassende Übersicht:

Indefinit-Pronomen: QUIS – ALIQUIS – QUISQUAM

		substantivisch	adjektivisch
mit Stützwort		**quis**, **quid**	**quī**, **qua**, **quod**
ohne Stützwort	in Sätzen ohne Verneinung	**aliquis**, **aliquid**	**aliquī**, **aliqua**, **aliquod**
	in Sätzen mit Verneinung	**quisquam**/**quicquam** *Plural:* ūllī, ūllae, ūlla	**ūllus**, **ūlla**, **ūllum**

67

G 1: Lokativ – Ortsangaben (Zusammenfassung)
G 2: Perfekt-Aktiv-Stamm: Bildungsweisen

G 1 ▶ Lokativ – Ortsangaben (Zusammenfassung)

1.1

	Frage „wo"?				
Rōma	Rōm**ae**	**in** Rom	*domus, -ūs*	dom**ī**	**zu** Hause
Tarentum	Tarent**ī**	**in** Tarent			
Dēlus	Dēl**ī**	**auf** Delus			

Rōmae < **Romai* (-*ī*: alter Lokativ-Ausgang)

Ein **ursprünglicher Kasus** zur Angabe des **Ortes** *(Lokativ)* auf -ī ist erhalten
- bei Namen von Städten (Singularwörtern der ā-/o-Deklination),
- bei einigen Substantiven anderer Deklinationen, z. B. bei DOMUS.

1.2

Der ursprüngliche Lokativ ist vom **Ablativus loci** (↗ 26 G 2.2) verdrängt worden. Der **Ablativus loci** findet sich

- als **bloßer Ablativ** (↗ 26 G 2.2), vor allem bei **Städtenamen**:

Carthāgō	Carthāgine	**in** Karthago	*tōtā* urbe	**in** der ganzen Stadt
Syrācūsae	Syrācūs**īs**	**in** Syrakus	*illō locō*	**an** jenem Ort

- als **Präpositionalgefüge**: IN mit **Ablativ**:

in urbe Rōmā	**in** der Stadt Rom
in Siciliā	**in** Sizilien *(als Land aufgefasst!)*
in Italiā	**in** Italien *(Land!)*

G 2 ▶ Perfekt-Aktiv-Stamm: Bildungsweisen

1. durch **-v-, -u-, -s-**

vocāre – vocāvī	sonāre – sonuī	manēre – mānsī
dēlēre – dēlēvī	monēre – monuī	rīdēre – rīsī
petere – petīvī	colere – coluī	scrībere – scrīpsī
(↗ 21 G 1.1)	(↗ 32 G 1.1)	dūcere – dūxī
		(↗ 32 G 2.1)

2. durch **Reduplikation**
   dare   – dedī   (↗ 46 G 1.1)
   pendēre – pependī
   currere – cucurrī

3. durch **Dehnung des Stammvokals**
   adiŭvāre – adiūvī   (↗ 50 G 1.1)
   vĭdēre – vīdī
   ĕmere – ēmī

4. **ohne Veränderung des Präsens-Stammes**
   tribuere – tribuī   (↗ 50 G 2)
   dēfendere – dēfendī

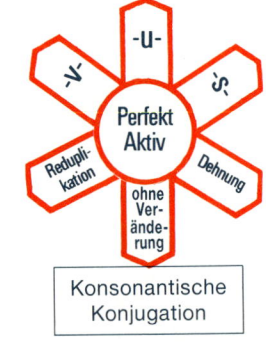

Perfekt Aktiv: -v-, -u-, -s-, Dehnung, ohne Veränderung, Reduplikation

Konsonantische Konjugation

68

G 1: Zur Kasuslehre: Akkusativ des Inhalts – Adverbialer Akkusativ
G 2: Zur Kasuslehre: Genitiv bei INTEREST

G 1 ▶ Zur Kasuslehre: Akkusativ des Inhalts

1.1 Tyrannus **vītam** molestam **vīvit**.   Der Tyrann **führt** ein beschwerliches **Leben**.

- Der **Akkusativ des Inhalts** kann bei **intransitiven** Verben (z. B. *vīvere*) stehen. Er bezeichnet einen Begriff, durch den der **Inhalt des Verbums** verstärkt und näher bestimmt wird.

Satzmodell:

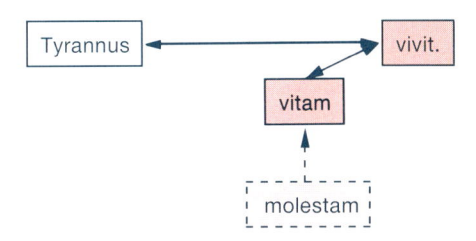

```
    Tyrannus  ←――――――→  vivit.
                  ↓
                vitam
                  ↑
              ┌ ─ ─ ─ ┐
              ¦ molestam ¦
              └ ─ ─ ─ ┘
```

- Der **Akkusativ des Inhalts** begegnet hauptsächlich als **Neutrum Singular** eines **Pronomens**:

Id studeō.	**Danach** strebe ich.
Idem gaudeō, **quod** tū (gaudēs).	Ich freue mich **über dasselbe wie** du.
Hoc tē ōrō/rogō.	**Darum** bitte ich dich.

1.2 Adverbialer Akkusativ

Der **Akkusativ des Inhalts** ist bisweilen zum **Adverb** erstarrt.

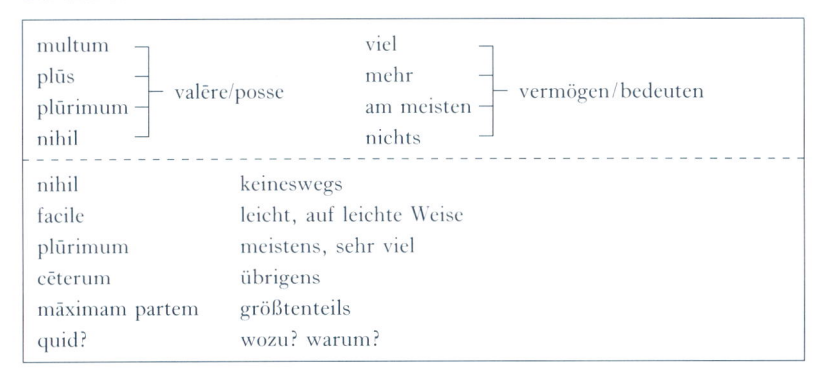

multum ┐		viel ┐	
plūs ┤ valēre/posse		mehr ┤ vermögen/bedeuten	
plūrimum ┤		am meisten ┤	
nihil ┘		nichts ┘	
nihil	keineswegs		
facile	leicht, auf leichte Weise		
plūrimum	meistens, sehr viel		
cēterum	übrigens		
māximam partem	größtenteils		
quid?	wozu? warum?		

68 G2 ▶ Genitiv bei INTEREST

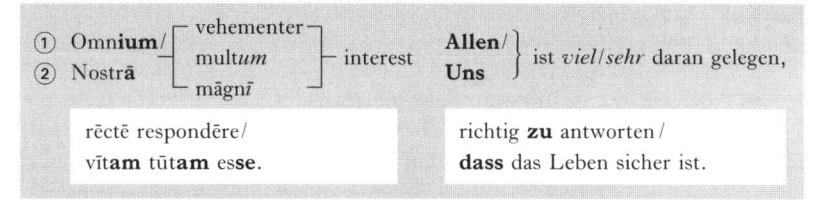

① **Omnium/**
② **Nostrā** ― [vehementer / mult*um* / māgn*ī*] ― interest **Allen/ Uns** } ist *viel/sehr* daran gelegen,

rēctē respondēre / vītam tūtam esse.
richtig **zu** antworten / **dass** das Leben sicher ist.

2.1 Die **interessierte Person**
- steht in der Regel im GENITIVUS POSSESSORIS ①.
- Nur die **Possessiv-Pronomina** stehen im Ablativ Singular des Femininum: nostrā ②; *ebenso:* meā, tuā, vestrā, suā.

2.2 Der **Grad des Interesses** kann ausgedrückt werden durch
- ADVERB (vehementer)
- ADVERBIALEN AKKUSATIV (↗G1.2: mult**um**, plūrim**um**, nihil)
- GENITIVUS PRETII (↗65 G1.2: māgn*ī*, parv*ī*).

2.3 Der **Gegenstand des Interesses** wird ausgedrückt durch SUBJEKTSINFINITIV oder durch den **AcI**, gelegentlich auch durch einen abhängigen Fragesatz (↗41 G2.2).

69

G 1: ĭ-Konjugation: Formen des Präsens-Stamms Aktiv und Passiv
G 2: Modi in Hauptsätzen: Deliberativ

G 1 ▶ ĭ-Konjugation

1.1 Indikativ Präsens

Neben den **lang** vokalischen Konjugationen (↗ 57 G 1) hat das Lateinische auch eine **kurz** vokalische Konjugation. Deren Präsens-Stamm lautet auf den kurzen Vokal -ĭ- aus.

AKTIV			PASSIV		
ich höre	*ich fange*	*ich führe*	*ich werde gehört*	*ich werde gefangen*	*ich werde geführt*
áudiō	cápiō	dū́cō	áudior	cápior	dū́cor
áudīs	cápis	dū́cis	audī́ris	cáperis	dū́ceris
áudit	cápit	dū́cit	audī́tur	cápitur	dū́citur
audī́mus	cápimus	dū́cimus	audī́mur	cápimur	dū́cimur
audī́tis	cápitis	dū́citis	audī́minī	capíminī	dūcíminī
áudiunt	cápiunt	dū́cunt	audiúntur	capiúntur	dūcúntur
áudī!	cápe!	dūc!			
audī́te!	cápite!	dū́cite!			
audī́re	cápere	dū́cere	audī́rī	cápī	dū́cī

-ĭ- ist ein sogenannter Halbvokal (↗ L 5); -ĕ- wird vor r- > -ĕ- (↗ L 17: Vokalschwächung): *capĕ-re; cápĕ-ris*.

Die **3. Person Plural** hat im Indikativ Präsens **Erweiterung** durch den kurzen Vokal -ŭ-: *capi-ŭ-nt, capi-ŭ-ntur* (↗ *audi-ŭ-nt, audi-ŭ-ntur; duc-ŭ-nt, duc-ŭ-ntur*).

Betonungswechsel gegenüber der **lang** vokalischen ī-Konjugation:

ĭ-Konjugation	ī-Konjugation
cápĭmus	audī́mus
cápĭtur	audī́tur
cápĕris	audī́ris

1.2 Konjunktiv Präsens

AKTIV			PASSIV		
áudiam	cápiam	dū́cam	áudiār	cápiar	dū́car
áudiās	cápiās	dū́cās	audiā́ris	capiā́ris	dūcā́ris
usw.			usw.		

Das Modus-Zeichen des **Konjunktiv Präsens** ist für die ĭ-Konjugation **-a-**.

69   1.3   Die übrigen Formen des Präsens-Stammes

AKTIV			PASSIV		
Indikativ Imperfekt					
audiḗbam	capiḗbam	dūcḗbam	audiḗbar	capiḗbar	dūcḗbar
audiḗbās	capiḗbās	dūcḗbās	audiēbā́ris	capiēbā́ris	dūcēbā́ris
usw.			*usw.*		
Konjunktiv Imperfekt					
audī́rem	cáperem	dū́cerem	audī́rer	cáperer	dū́cerer
audī́rēs	cáperēs	dū́cerēs	audīrḗris	caperḗris	dūcerḗris
usw.			*usw.*		
Indikativ Futur I					
aúdiam	cápiam	dū́cam	aúdiar	cápiar	dū́car
aúdiēs	cápiēs	dū́cēs	audiḗris	capiḗris	ducḗris
usw.			*usw.*		

cáperem: Vokalschwächung (*i > e*) im Konjunktiv Imperfekt; vgl. *cápere, cáperis.*

1.4   Partizip Präsens Aktiv

aúdiēns	cápiēns	dū́cēns
audiéntis	capiéntis	dūcéntis
usw.	*usw.*	*usw.*

Zwischen den **Wortstamm** *capi-* und das **PPrA-Zeichen** (↗ 39 G 1.1) tritt der Bindevokal **-e-**.

G 2 ▶ Modi in Hauptsätzen: Deliberativ

Der KONJUNKTIV der **1. Person Singular** und **Plural** im **Fragesatz** zeigt an, dass der Sprechende ÜBERLEGT, was er tun **soll** bzw. **hätte** tun **sollen**:

> DELIBERATIV[1]

● Der **Konjunktiv Präsens** drückt den DELIBERATIV DER GEGENWART aus.

Quid faciam?	Was *soll* ich tun?
Quō mē vertam?	Wohin *soll* ich mich wenden?

● Der **Konjunktiv Imperfekt** drückt den DELIBERATIV DER VERGANGENHEIT aus.

Quid facerēmus?	Was *hätten* wir tun *sollen*?
Quid dīcerēmus?	Was *hätten* wir sagen *sollen*?

Der DELIBERATIV wird mit NON verneint.

---

[1]) dēlīberāre: überlegen

70 **G 1:** ĭ-Konjugation: Formen des Perfekt-Stamms Aktiv und Passiv
G 2: Zur Kasuslehre: Ablativ des Mittels – Ablativ der Beziehung

G 1 ▶ ĭ-Konjugation (kurzvokalische Konjugation): Perfekt-Bildungen

1.1 Das **Perfekt Aktiv** wird in der ĭ-Konjugation
– wie in den meisten Konjugationen – gebildet:
mit **-v-**, **-u-**, **-s-**,
durch **Dehnung** oder
durch **Reduplikation**.

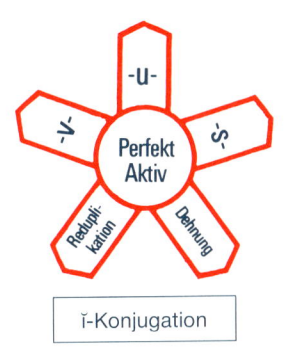

(Schema: Perfekt Aktiv – -v-, -u-, -s-, Reduplikation, Dehnung; ĭ-Konjugation)

1.2 Perfekt-Bildung mit -v- und -u-

Perfekt-Bildung mit **-v-**				
cupiō	cupī**v**ī	cupī**t**um	cupere	begehren, verlangen; wünschen
Perfekt-Bildung mit **-u-**				
rapiō	rap**u**ī	rap**t**um	rapere	rauben, raffen; an sich reißen
dī|ripiō	dīrip**u**ī	dīre**p**tum	dīripere	losreißen, plündern; zerstören

raptum ↗ doctum (↗ 25 G 1.1; 56 G 1.1); dīripiō < *dis-rapio

1.3 Perfekt-Bildung mit -s-

a|spiciō	aspe**x**ī	aspe**ct**um	aspicere	erblicken, ansehen
ebenso: cōnspicere, dēspicere				

aspiciō < *ad-specio (↗ L 23)

70

1.4 Perfekt-Bildung durch Dehnung

capiō	cēpī	captum	capere	fassen, fangen, ergreifen, erobern
ac|cipiō	accēpī	acceptum	accipere	annehmen, vernehmen, empfangen

ebenso: excipere, praecipere, recipere

faciō	fēcī	factum	facere	tun, machen
af|ficiō	affēcī	affectum	afficere *(m. Abl.)*	versehen *(mit)*
ef|ficiō	effēcī	effectum	efficere	bewirken, durchsetzen
fugiō	fūgī	fugitūrus	fugere *(m. Akk.)*	fliehen *(vor)*, meiden
ef|fugiō	effūgī	–	effugere	entfliehen, entkommen
iaciō	iēcī	iactum	iacere	werfen, schleudern
ad|iciō	adiēcī	adiectum	adicere	hinwerfen, hinzufügen

faciō: fēcī – iaciō: iēcī; vgl. *agō: ēgī* (↗L 16.2: Ablaut: Quantität und Qualität)

1.5 Perfekt-Bildung durch Reduplikation

pariō	**pé**perī	partum	párere	hervorbringen, gebären; erwerben

G 2 ▶ Ablativ des Mittels – Ablativ der Beziehung

2.1 Ablativ des Mittels

● Der eigentliche **Ablativ des Mittels** gibt das „**Instrument**" an, durch dessen Einsatz eine Handlung vollzogen wird: *Ablativus instrumenti* (↗11 G1.2).

Man fragt nach ihm:

„WOMIT? – WODURCH?"

gladiō pūgnāre	**mit** dem Schwert kämpfen
verbīs lacessere	**durch** Worte herausfordern

L→D Häufig wird der **Ablativus instrumenti im Deutschen** durch einen **Präpositionalausdruck** als Ortsangabe wiedergegeben:

manū tenēre	**in** der Hand halten
pūgnā vincī	**in** einem Kampf besiegt werden/unterliegen
bellō lacessere	**zum** Krieg herausfordern

● Der **Ablativus instrumenti** steht auch bei Verben mit der Bedeutung ‚*ausstatten*' bzw. ‚*ausgestattet sein*':

afficere aliquem poenā	jemanden bestrafen
ōrnāre aliquem laude	jemanden **durch** Lob hervorheben
abundāre omnibus rēbus	**an** allem Überfluss haben

2.2 Ablativ der Beziehung

Nūlla mulier Helenam pulchritūdine superāvit.	Keine Frau übertraf Helena **an** Schönheit.

Mit dem **Ablativus instrumenti** ist der **Ablativ der Beziehung** eng verwandt.

Der **Ablativ der Beziehung** *(Ablativus limitationis[1])* grenzt den **Bereich** ein, auf den ein Begriff oder eine Aussage ‚bezogen' ist (↗60 G1).

Man fragt nach ihm:
„IN WELCHER BEZIEHUNG"

trēs numerō	drei **an** der Zahl
māior annīs	älter („größer **an** Jahren")
īnsīgnis pulchritūdine	auffallend **durch** *(in Bezug auf)* Schönheit
superāre aliōs modestiā	andere **an** Bescheidenheit übertreffen
aequāre alium virtūte	einen anderen **an** Tüchtigkeit (**in** der Leistung) erreichen

---

[1] līmitātiō, -ōnis *f*: Bestimmung, Beziehung

ZUR SYSTEMATISCHEN WIEDERHOLUNG DER LEKTIONEN 61–70

Du hast seit der letzten Zusammenfassung wiederum einige neue Erscheinungen hinzugelernt. Wiederhole sie anhand nachfolgender Übersicht!

1. **Zur Formenlehre**
    1.1 **Nomen**
    Pronomina:
    Demonstrativ-Pronomen IDEM 63 G1
    Indefinit-Pronomen QUIS – QUI; ALIQUIS – ALIQUI 66 G1
    Indefinit-Pronomen QUISQUAM – ULLUS 66 G2
    Verallgemeinerndes Relativ-Pronomen QUICUMQUE – QUISQUIS . . 64 G2

    1.2 **Verbum**
    Konsonantische Konjugation:
    ī-Konjugation:
    Präsens-Stamm Aktiv und Passiv 69 G1
    Perfekt-Bildungen; Perfekt-Stamm Aktiv und Passiv 70 G1
    Perfekt-Aktiv-Stamm: Bildungsweisen 67 G2
    VELLE – NOLLE – MALLE 64 G1

2. **Zur Syntax**
    2.1 **Kasuslehre**
    Genitiv zur Preisangabe 65 G1.2
    Genitiv bei Verben der Gerichtssprache 65 G2
    Genitiv bei INTEREST 68 G2
    Akkusativ des Inhalts 68 G1.1
    Adverbialer Akkusativ 68 G1.2
    Ablativ zur Preisangabe 65 G1.1
    Ablativ zur Angabe des Ortes 67 G1.2
    Ablativ des Mittels 70 G2.1
    Ablativ der Beziehung 70 G2.2
    Lokativ 67 G1.1

    2.2 **Satzlehre**
    Tempora im unabhängigen Satz:
    Imperfekt – Perfekt – Plusquamperfekt 62 G1
    Historisches Präsens – Historischer Infinitiv 62 G2
    Präsentisches Perfekt 63 G2
    Modi im unabhängigen Satz:
    VELIM / VELLEM im Wunschsatz 64 G1.4
    Deliberativ 69 G2

    2.3 **Nominalformen des Verbums**
    Nominativus cum Infinitivo (NcI) 61 G1/2

71

G 1: Konjunktivische Relativsätze
G 2: Verschränkte Relativsätze

G 1 ▶ Konjunktivische Relativsätze

① Serv*us* quīdam ā Lāiō missus est,   Ein *Sklave* wurde von Laius geschickt,
  quī fīlium interfice**ret**.   der den Sohn töten **sollte**/
                                     damit er den Sohn töte/
                                     um den Sohn **zu** töten.

② Sed nōn erat *is*,   Aber der war nicht *einer*,
  quī īnfantem interfice**ret**.   der ein Kind tötete/
                                      (von der Art) **dass** er ein Kind
                                      getötet **hätte**.

③ Serv*us*,   Der *Sklave*,
  (**quippe**) **quī** caedem horrē**ret**,   der *(ja)* vor Mord schauderte,
  īnfantem in silvīs exposuit.   setzte das Kind in den Wäldern aus.
                                 Weil der Sklave vor Mord schauderte,
                                 setzte er das Kind in den Wäldern aus.

1.1 Relativsätze bestimmen nicht nur als Attribute ein Satzglied näher, sondern enthalten häufig eine **zusätzliche adverbiale** Angabe.

Relativsätze können ausdrücken:

ABSICHT ①	FOLGE ②	GRUND ③

Der **Modus** in **Relativsätzen** mit der syntaktischen Funktion eines ADVERBIALES ist der **Konjunktiv**.

1.2 **Konjunktivische Relativsätze** können demnach auch wie **adverbiale Gliedsätze** übersetzt, also mit **Subjunktionen** eingeleitet werden *(damit; so dass; weil)*.

1.3 Eratne ille servus **dīgnus**,   War es jener Sklave **wert**
  quī laudā**rētur**?   gelobt **zu** werden?

Nach einigen **Adjektiven** (z. B. *dīgnus*) steht ein Relativsatz mit **konsekutivem** Sinn.

L→D In der deutschen Übersetzung erscheint für ihn häufig der **Infinitiv**.

Konsekutiven Sinn haben auch die Relativsätze nach folgenden Ausdrücken:

Quis est, **quī** hoc crēd**at**?	Wo gibt es einen, der dies glaubt(e)?
Sunt, **quī** put**ent** ...	Es gibt Leute, die meinen ...
Nōn deerant, **quī** respondē**rent**.	Es fehlte nicht an Leuten, die antworteten.

71 G 2 ▶ Verschränkte Relativsätze

① Herculēs, | Herkules,
qui fīlius Iovis fuisse | von dem *überliefert wird*,
trāditur, | dass er ein Sohn Jupiters war,
māgna perfēcit. | hat große Taten vollbracht.
| Herkules,
| **der** *nach der Überlieferung* ein
| Sohn Jupiters war, ...
| Herkules,
| **der** – *wie überliefert wird* –
| ein Sohn Jupiters war, ...

② Herculēs, | Herkules,
quem virum ingentis roboris | **der** *bekanntlich* ein Held von
fuisse *cōnstat*, | ungeheurer Kraft war,
māgna perfēcit. | hat große Taten vollbracht.

③ Eius opera, | Seine Taten,
quibus *perfectīs* ad rēgem | nach **deren** *Durchführung* er zu
Eurystheum rediit, | König Eurystheus zurückkehrte,
admīrātiōne dīgna sunt. | verdienen Bewunderung.

④ Herculēs, | Herkules,
cuius virtūs quanta fuerit | *von* **dessen** Tüchtigkeit *wir wissen*,
scīmus, | wie groß sie war,
omnibus erat admīrātiōnī. | wurde von allen bewundert.

⑤ Herculēs, | Herkules,
quō nēmō tum *fortior erat*, | der *Mutigste*, **den** es damals gab,
ā caelestibus missus esse | schien von den Himmlischen gesandt
vidēbātur. | zu sein.

2.1 Konstruktion

Der Relativsatz geht häufig mit anderen **Konstruktionen** eine **enge Verbindung** ein; er ist gleichsam mit ihnen ‚**verschränkt**'.

Dabei ist das **Relativ-Pronomen** jeweils Bestandteil derjenigen Konstruktion, **in die** der Relativsatz **verschränkt** ist.

Der **Relativsatz** kann verschränkt sein:

- in einen **NcI** (↗61 G1/2): *quī fīlius ... fuisse trāditur*　　　　　　　①
- in einen **AcI** (↗18 G1): *quem virum ... fuisse cōnstat*　　　　　　　②
- in eine **Partizipialkonstruktion** (↗52 G1/2): *quibus perfectīs ...*　　③
- in einen **abhängigen Fragesatz** (↗41 G2.2): *cuius virtūs quanta fuerit ...*　④
- in einen **Ablativus comparationis** (↗43 G2): *quō nēmō ... fortior erat*　⑤

2.2 Übersetzung

L→D

Da diese Konstruktionen im Deutschen keine Entsprechung haben, erfordert die Übersetzung einen **Umbau der Struktur**.

Dabei bieten sich folgende Möglichkeiten an:

1. **Hilfsübersetzung:** **von dem** *überliefert wird* ①
   von dem *bekannt ist* ②
   von dessen Tüchtigkeit *wir wissen* ④
2. **Parenthese:** **der** – *wie* überliefert wird – ①
   (eingeschobener Satz)
3. **Präpositionalausdruck: der** *nach* der Überlieferung ①
   nach **deren** Durchführung ③
4. **Adverb:** **der** *bekanntlich* ②
5. **freie Wiedergabe:** *der Mutigste,* **den** es ... gab ⑤

72
G 1: Abhängige Aussagesätze
G 2: Abhängige Fragesätze

G 1 ▶ Abhängige Aussagesätze

① Interdum, **ut** iūstī quoque pūni**a**ntur, accidit.	Manchmal kommt es vor, **dass** selbst Gerechte bestraft werden.
② Accēdit, **quod** haud rārō ab aliīs dēspici**u**ntur.	Es kommt hinzu, **dass** sie nicht selten von anderen verachtet werden.
③ Cui autem nōn crīminī dabimus, **quod** hoc fac**it**?	Wem aber werden wir nicht vorwerfen, **dass** er dies tut?
④ Multī, **quod** Scīpiō ipse hāc iniūriā affectus **esset**, doluērunt.	Viele bedauerten, **dass** gerade Scipio dieses Unrecht zugefügt worden **sei**.

Abhängige Aussagesätze können die syntaktische Funktion des **Subjekts** ① ② oder des **Objekts** ③ ④ erfüllen.

Im Satzmodell:

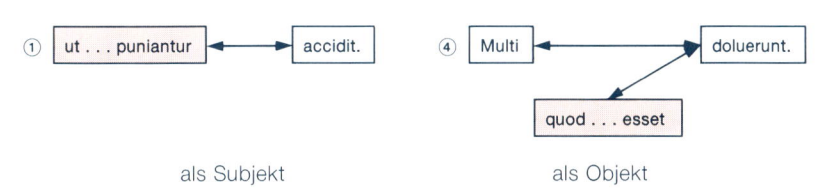

① [ut ... puniantur] ←→ [accidit.]   ④ [Multi] ←→ [doluerunt.]
                                              ↑
                                        [quod ... esset]

als Subjekt   als Objekt

61

72

1.1 Abhängige Aussagesätze mit UT / UT NON

Abhängige Aussagesätze, die mit der Subjunktion UT *(dass)* eingeleitet sind, stehen nach **unpersönlichen Ausdrücken**, die ein **Geschehen** oder eine **Folge**erscheinung angeben.

Modus: KONJUNKTIV (nach den Regeln der Zeitenfolge ↗42 G2.2; 51 G1.2)
Negation: NON

Solche unpersönlichen Ausdrücke sind:

accidit, **ut**	es geschieht, **dass**
ēvenit, **ut**	es kommt vor, **dass**
contingit, **ut**	es gelingt, **dass**

1.2 Abhängige Aussagesätze mit faktischem QUOD

Abhängige Aussagesätze, die mit der Subjunktion QUOD *(dass)* eingeleitet sind, erfassen eine **Tatsache**, einen **Umstand** *(factum)*; deshalb wird dieses QUOD als „faktisch" bezeichnet.

Modus: INDIKATIV (in der Regel)
Negation: NON

Solche Aussagesätze stehen

● nach einigen **unpersönlichen Ausdrücken**, z. B.

accēdit, **quod**	es kommt hinzu, **dass**
bene ēvenit, **quod**	es trifft sich *gut,* **dass**
male accidit, **quod**	es trifft sich *schlecht,* **dass**

● nach Verben der **Gemütsbewegung** und ähnlichen Ausdrücken, z. B.

gaudēre, **quod**	sich freuen, **dass**
dolēre, **quod**	bedauern, **dass**
crīminī dare, **quod**	zum Vorwurf machen, **dass**

Beachte:

In QUOD-Sätzen, deren Inhalt in **engster Beziehung zum Subjekt** des Hauptsatzes als dessen „**subjektive**" Vorstellung oder Meinung hingestellt wird, steht der KONJUNKTIV: **obliquer Konjunktiv** in **innerlich abhängigen** Gliedsätzen. ④

L→D   In der deutschen Übersetzung steht dann ebenfalls der **Konjunktiv.**

2 G2 ▶ Abhängige Fragesätze

① Ignōtum esse vidēbātur,   Es schien unbekannt zu sein,
  unde Oedipus nātus es**set**.   **woher** Ödipus stammte / stamm**e**.
② Itaque ipse ōrāculum rogāvit,   Daher fragte er selbst das Orakel,
  num Polybum dēserer**et**.   **ob** er Polybus verlassen soll**e**.
③ Nesciēbat enim,   Er wusste nämlich nicht,
  utrum Polybī fīlius es**set**   **ob** er Polybus' Sohn **sei**
  necne.   **oder nicht**.

2.1 Abhängige Fragesätze (↗41 G2.2; 42 G2.1) können wie die abhängigen Aussagesätze (↗G1) die syntaktische Funktion des Subjekts ① oder des Objekts ② ③ innehaben.

  Modus: KONJUNKTIV (nach den Regeln der Zeitenfolge: Consecutio temporum ↗42 G2.2; 51 G1.2)
  Negation: NON

2.2 Abhängige Fragesätze können als **Wortfragen**, als **Satzfragen** oder als **Wahlfragen** gestaltet sein:

  • **Abhängige Wortfragen** sind eingeleitet mit Frage**wörtern**, z. B.

quis	wer	quālis	wie beschaffen
quid	was	quantus	wie groß
ubī	wo	quantum	wie viel
unde	woher	quōmodo	wie
cūr	warum	quam *(bei Adj. u. Adv.)*	wie

  Merke:
  nōn habeō, **cūr** / **quod** ...   ich habe keinen Grund, **dass ich** / **zu** ...
  nōn est, **quod** ...   es gibt keinen Grund dafür, **dass** ...

  • **Abhängige Satzfragen** sind eingeleitet mit Frage**partikeln**, z. B.

num	
-ně	⎫ ob / ob nicht

  • **Abhängige Wahlfragen** sind eingeleitet mit Frage**partikeln**, z. B.

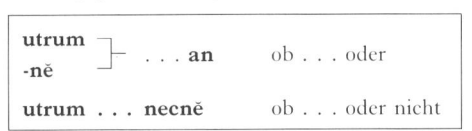

utrum	... an	ob ... oder
-ně		
utrum ... necně		ob ... oder nicht

73

G 1: Gerundium: Formen und Funktion
G 2: Gerundium: Erweiterung durch Objekt und/oder Adverbiale

G 1 ▶ Gerundium (deklinierter Infinitiv): Einführung

① Nōn ubīque dīcere licet. — Nicht überall ist **zu reden** erlaubt.
Nicht überall ist **das Reden** erlaubt.

② Quis dīcere vult? — Wer will **reden**?

③ *Ars* tacendī interdum ūsuī est. — *Die Kunst* **zu schweigen** ist manchmal von Nutzen.

④ Quis *parātus* est ad dīcendum? — Wer ist bereit **zu reden**?

⑤ Amīcī interdum tacendō perduntur. — Freunde verliert man bisweilen **durch Schweigen**.

1.1 Formenbildung

Wie im Deutschen kann auch im Lateinischen der **Infinitiv** Präsens Aktiv **substantiviert** werden.

vocāre	vidēre	audīre	dīcere	īre
das Rufen	**das** Sehen	**das** Hören	**das** Reden ①	**das** Gehen

Da der Infinitiv als **Neutrum** gilt, **lauten Nominativ** und **Akkusativ gleich**.

Die **übrigen** (die sog. *obliquen*) **Kasus** des deklinierten Infinitivs werden durch eine besondere Form, das **Gerundium**, ausgedrückt.

Das **Gerundium** wird dadurch gebildet,
dass an den **Präsens-Stamm** eines Verbums treten:

- das Bildungselement **-nd-**,
- die **Kasusausgänge der o-Deklination**.

So lautet der **Genitiv des Gerundiums**:

voca-**nd**-ī	vide-**nd**-ī	audi-e-**nd**-ī	dīc-e-**nd**-ī	e-u-**nd**-ī
des Rufens	**des** Sehens	**des** Hörens	**des** Redens	**des** Gehens

Beachte jeweils den Bindevokal: -**e**-: audi-e-ndī, dic-e-ndī
 -**u**-: e-u-ndī

1.2 Deklination des Gerundiums

N.	vidēre	das Sehen	—	
G.	—		videndī	**des** Sehens
D.	—		videndō	**dem** Sehen
Akk.	vidēre	das Sehen	**ad** videndum	**zum** Sehen
Abl.	—		videndō / **in** videndō	**durch** das Sehen / **beim** Sehen

64

1.3 Übersetzungsmöglichkeiten

Übersetzung mit einem *Vorgangssubstantiv*	
z. B. iūs coërce**ndī**	das Recht **des Strafens**
parātus **ad** pāre**ndum**	bereit **zum Gehorchen**
Übersetzung mit einem *Infinitiv*	
z. B. ars impera**ndī**	die Kunst **zu** herrschen
studium labōra**ndī**	der Eifer **zu** arbeiten
Übersetzung mit einem *finalen Gliedsatz* bzw. *Infinitivsatz* (bei Verwendung im Präpositionalgefüge mit AD oder CAUSA)	
z. B. Exeunt **ad** pūgna**ndum**.	Sie ziehen aus, — **damit** sie kämpfen. / **um zu** kämpfen.

G 2 ▶ Gerundium: Erweiterung durch Objekt und/oder Adverbiale

① Oportet
 cīvitātem **bene** administrā*re*.
 Es ist nötig,
 den Staat **gut** *zu* verwalten.

② *Ars*
 cīvitātem administra*ndī*
 omnibus ūsuī est.
 Die Kunst,
 den Staat *zu* verwalten,
 ist für alle nützlich.

③ Augustus
 cīvitāt**em bene** administra*ndō*
 summam sibi parāvit glōriam.
 Augustus hat sich
 durch **gute** *Verwaltung* **des Staates**
 (dadurch, dass er **den Staat gut** *verwaltete,)*
 größten Ruhm erworben.

2.1 Das **Gerundium** kann wie das Verbum **erweitert werden** durch

- **ein Objekt** (**cīvitātem** administrandō) ②,
- und/oder **ein Adverbiale** (cīvitātem **bene** administrandō) ③.

2.2 Beachte bei der Übersetzung folgende Umbau-Regel:

Lateinisch			Deutsch			
Akkusativ-objekt	Adverb	Gerundium/ deklinierter Infinitiv	Präpo-sition	adjekt. Attribut	Substantiv	Genitiv-attribut
CIVITATEM	BENE	ADMINISTRANDO	DURCH	GUTE	VERWALTUNG	DES STAATES

74

G 1: FERRE – Formen des Präsens Stammes
G 2: FERRE und Komposita: Formen des Perfekt-Stammes

G 1 ▶ FERRE: Formen des Präsens-Stammes

1.1

ich bin	ich trage	ich hebe auf	ich werde gehoben	ich werde getragen
s*u*m	fer*ō*	toll*ō*	tollor	fer*or*
es (< ess)	fer*s*	toll*i*s	toll*e*ris	fer*ris*
est	fer*t*	toll*i*t	toll*i*tur	fer*tur*
s*u*mus	fer*i*mus	toll*i*mus	toll*i*mur	fer*i*mur
estis	fer*tis*	toll*i*tis	toll*i*minī	fer*i*minī
s*u*nt	fer*u*nt	toll*u*nt	toll*u*ntur	fer*u*ntur
esse	fer*re*	toll*ere*	tollī	fer*rī*
es! este!	fer! fer*te*!	toll*e*! toll*i*te!		

ferre < *fer-se* (Assimilation ↗ 23)

- FERRE und seine Komposita gehören zur **Konsonantischen Konjugation** wie TOLLERE.
- Im **Indikativ, Infinitiv** und **Imperativ Präsens** unterbleibt jedoch der Einschub eines Bindevokals in den hervorgehobenen Formen.

1.2

Die übrigen Formen des Präsens-Stammes (↗Tab. X_2) werden nach der **Konsonantischen Konjugation** (↗ 20 G 1/2) gebildet:

Indikativ Imperfekt und Futur (Aktiv und Passiv)

Imperfekt		Futur	
fer*ē*bam	fer*ē*bar	feram	ferar
fer*ē*bās	fer*ē*bāris	ferēs	ferēris
usw.	usw.	usw.	usw.

Konjunktiv Präsens und Imperfekt (Aktiv und Passiv)

Präsens		Imperfekt	
feram	ferar	fer*r*em	fer*r*er
ferās	ferāris	fer*r*ēs	fer*r*ēris
usw.	usw.	usw.	usw.

ferrem, ferrer: ohne Bindevokal

Beachte: fer*ā*s, fer*ē*s, fer*r*ēs; fer*ā*ris, fer*ē*ris, fer*r*ēris

1.3 Partizip Präsens Aktiv und Gerundium

Partizip Präsens		Gerundium	
toll*ē*ns	fer*ē*ns	toll*e*ndī	fer*e*ndī
toll*e*ntis	fer*e*ntis	toll*e*ndō	fer*e*ndō
usw.	*usw.*	*usw.*	*usw.*

Bei der Bildung von Partizip Präsens und Gerundium tritt **vor** das Bildungselement -nt- bzw. -nd- der Bindevokal -e- wie bei der Konsonantischen und bei der ī-Konjugation (↗Tab. V₃).

G2 ▶ FERRE und Komposita

2.1 FERRE: Perfekt-Stämme

Präsens-Stamm	ferō	ferre
Perfekt Aktiv	tulī	
Perfekt Passiv	lātum	

lātum < *tlatum < *tᵘlatum

2.2 TOLLERE: Stammformen

Präsens-Stamm	tollō	tollere
Perfekt Aktiv	sus|tulī	
Perfekt Passiv	sub|lātum	

sustulī, sublātum von **sub-ferre*: darunterhalten

2.3 Komposita von FERRE: Stammformen

ferō	tulī	lātum	ferre	tragen, bringen, ertragen; berichten
áf|ferō	áttulī	allātum	afferre	herbeibringen, melden
aú|ferō	ábstulī	ablātum	auferre	wegbringen, rauben
díf|ferō	dístulī	dīlātum	differre	aufschieben
díf|ferō *(intrans.)*	–	–	differre	verschieden sein
óf|ferō	óbtulī	oblātum	offerre	entgegenbringen, anbieten
ré|ferō	réttulī	relātum	referre	zurückbringen; berichten

Beachte:
Veränderungen der Vorsilbe bei der Bildung der Stammformen infolge **Assimilation** (↗L23)

ff	< *b*-f:	of-ferō	**ll**	< *d*-l:	al-lātum
	< *d*-f:	af-ferō			
	< *s*-f:	dif-ferō	**tt**	< *d*-t:	at-tulī

Beachte besonders:	**au**ferō		re-ferō
	abstulī (vgl. *abstineō*)		rettulī
	ablātum		*rettulī < *retetulī*, vgl. *repperī* (↗59 G1.1)

75
G 1: Deponens: Merkmale und Bedeutung
G 2: Deponentia der ā- und der ē-Konjugation: Präsens-Stamm

G 1 ▶ Deponens: Merkmale und Bedeutung

① Homō omnium animālium prūdentissimum esse vidētur.	Der Mensch scheint das klügste von allen Lebewesen zu sein.
② Arte enim māgna cōnātur.	Denn durch sein Können versucht er Großes.
③ Māgna audēre numquam cūnctātur.	Großes zu wagen zögert er nie.

Die Prädikate **vidētur** ①, **cōnātur** ②, **cūnctātur** ③ haben jeweils **passivische Form**, aber **aktivische Bedeutung**.

● Sie stehen demnach in der Mitte *(Medium)* zwischen **Aktiv** und **Passiv**.

Aktiv	(Person ⟶ Handlung)
Magister puer**um** exerc**et**.	Der Lehrer **trainiert** den Jungen.
Passiv	(Person ⟵ Handlung)
Pue**r** ā magistrō exerc**ētur**.	Der Junge **wird** vom Lehrer **trainiert**.
Medium:	(Person ⟵⟶ Handlung)
Pue**r** exc**ētur**.	Der Junge **übt sich / trainiert**.

● Solche Verben, die bei **passivischen** Formen die **passivische** Bedeutung „abgelegt" haben, heißen

$$\boxed{\text{DEPONENTIA}^1}$$

L→D Im **Deutschen** muss die passivische Form jeweils mit einem **Aktiv** wiedergegeben werden.

G 2 ▶ Deponentia der ā- und der ē-Konjugation:
2.1 Präsens-Stamm

	ā-Konjugation		ē-Konjugation	
	Präsens			
Indikativ	cōnor	ich versuche	véreor	ich fürchte
	cōnáris	du versuchst	veréris	du fürchtest
	cōnátur	er/sie/es versucht	verétur	er/sie/es fürchtet
	cōnámur	wir versuchen	verémur	wir fürchten
	cōnáminī	ihr versucht	veréminī	ihr fürchtet
	cōnántur	sie versuchen	veréntur	sie fürchten
Konjunktiv	cōner		verear	
	cōnēris		vereāris	
	usw. (↗ Tab. VII₁)		*usw.* (↗ Tab. VII₁)	

[1] Sg.: Deponens < dēpōnēns < dēpōnere: ablegen. – Statt des Pl. Deponent*ia* ist auch die Form Deponent*ien* üblich.

Präsens-Stamm

	ā-Konjugation		ē-Konjugation	
	Imperfekt			
Indikativ	cōnā́bar	ich versuchte	verḗbar	ich fürchtete
	cōnābā́ris	du versuchtest	verēbā́ris	du fürchtetest
	usw. (↗Tab. VII$_I$)		usw. (↗Tab. VII$_I$)	
Konjunktiv	cōnā́rer		verḗrer	
	cōnārḗris		verērḗris	
	usw.		usw.	

ā-Konjugation		ē-Konjugation	
Futur I			
cōnā́bor	ich werde	verḗbor	ich werde
cōnā́beris	du wirst	verḗberis	du wirst
cōnā́bitur	er/sie/es wird	verḗbitur	er/sie/es wird
cōnā́bimur	wir werden	verḗbimur	wir werden
cōnābíminī	ihr werdet	verēbíminī	ihr werdet
cōnābúntur	sie werden	verēbúntur	sie werden

(ver-suchen) / (fürchten)

Imperativ			
cōnā́re!	versuche!	verḗre!	fürchte (dich)!
cōnā́minī!	versucht!	verḗminī!	fürchtet (euch)!

2.2 Die infiniten Formen

	ā-Konjugation		ē-Konjugation	
Infinitiv	cōnā́rī	versuchen	verḗrī	fürchten
Partizip Präsens	cṓnāns, -ntis	versuchend	vérēns, -ntis	fürchtend
Gerundium (deklinierter Infinitiv)	cōnándī	des Versuchens	veréndī	des Fürchtens

76

G 1: Deponentia der ā- und der ē-Konjugation: Perfekt-Stamm
G 2: Partizip Perfekt der Deponentia: Verwendung

G 1 ▶ Deponentia der ā- und der ē-Konjugation: Perfekt-Stamm

1.1 Stammformen

Die Deponentia der **ā-Konjugation** bilden das **Partizip Perfekt** immer auf -ātus, -āta, -ātum (↗25 G1):

cōnor	cōn**ātus** sum	cōnārī	versuchen, unternehmen
hortor	hort**ātus** sum	hortārī	auffordern, mahnen, ermuntern

Die Deponentia der **ē-Konjugation** bilden das **Partizip Perfekt** nach den Regeln der PPP-Bildung (↗25 G1):

vereor	vér*i***tus** sum	verērī	sich scheuen, fürchten; verehren
cōn|fiteor	cōnfe**ssus** sum	cōnfitērī	gestehen, bekennen, offenbaren

1.2 Formen des Perfekt-Stammes (↗Tab. VII₂)

	ā-Konjugation			ē-Konjugation		
	Perfekt					
Indikativ	cōnātus	sum	ich habe versucht, versuchte	ver*i*tus	sum	ich habe gefürchtet, fürchtete
	cōnātī	sumus	wir haben versucht, versuchten	ver*i*tī	sumus	wir haben gefürchtet, fürchteten
Kon- junktiv	cōnātus cōnātī	sim sīmus		ver*i*tus ver*i*tī	sim sīmus	
	Plusquamperfekt					
Indikativ	cōnātus	eram	ich hatte versucht	ver*i*tus	eram	ich hatte gefürchtet
	cōnātī	erāmus	wir hatten versucht	ver*i*tī	erāmus	wir hatten gefürchtet
Kon- junktiv	cōnātus cōnātī	essem essēmus		ver*i*tus ver*i*tī	essem essēmus	

6 Formen des Perfekt-Stammes

	ā-Konjugation		ē-Konjugation	
	Futur II			
	cōnātus **er**ō	ich werde versucht haben	ver*i*tus **er**ō	ich werde gefürchtet haben
	cōnātī **er**/mus	wir werden versucht haben	ver*i*tī **er**/mus	wir werden gefürchtet haben
	Infinitiv Perfekt			
	cōnātum, -am, -um **esse**		ver*i*tum, -am, -um **esse**	
	Infinitiv Futur			
	cōnātūrum, -am, -um **esse**		ver*i*turum, -am, -um **esse**	

Beachte:

Prohibitiv (↗42 G2.1)

| Nē cōnā**tu**s sīs! Versuche nicht! | Nē ver*i*tī sītis! Fürchtet (euch) nicht! |

G2 ▶ Partizip Perfekt der Deponentia: Verwendung

2.1
① Aristippus,   **Nachdem** Aristipp
   postquam comitēs hortā**tus est**,   seine Begleiter ermuntert **hatte**,
in oppidum contendit.   eilte er in die Stadt.

② Aristippus   Aristipp eilte,
                        (*seine Begleiter ermuntert* **habend**),
  comitēs hortā**tus**   **nachdem er** seine Begleiter
                        ermuntert **hatte**,
in oppidum contendit.   in die Stadt.

③ Aristippus   Aristipp eilte,
                        (**nachdem** *seine B. ermuntert* **worden waren**),
  comiti**bus** monitīs   **nachdem er** seine Begleiter
                        ermuntert **hatte**,
in oppidum contendit.   in die Stadt.

In ① liegt ein **temporaler Gliedsatz** (↗26 G1.3) vor; die Subjunktion POSTQUAM drückt aus, dass der Vorgang des Gliedsatzes zum Vorgang des regierenden Satzes **vorzeitig** ist.

76 Dieser Gliedsatz kann durch verschiedene **Partizipialkonstruktionen** ersetzt sein:

- durch ein **Participium coniunctum** (↗47 G1):
  Dabei drückt das **Partizip Perfekt** des **Deponens** HORTARI *(hortātus)* einen vorzeitigen Vorgang im **Aktiv** aus ②;

- durch einen **Ablativus absolutus** (↗52 G1/2; 53 G2):
  Dabei drückt das **Partizip Perfekt** des Verbums MONERE *(monitīs)* einen vorzeitigen Vorgang im **Passiv** aus ③.

2.2 *Beachte:*

① Aristippus	Aristipp eilte
sē auxilium ferre posse	**in der Meinung**,
arbitrā**tus**	er könne Hilfe bringen,
in oppidum contendit.	in die Stadt.
① Comitēs	Seine Begleiter wären
verit**ī**,	**aus Furcht**,
nē fame perīrent,	sie könnten Hungers sterben,
paene dēspērāvērunt.	beinahe verzweifelt.

Das **Partizip Perfekt** der **Deponentia** bezeichnet in der Regel einen **vorzeitigen** Vorgang (↗2.1 ②); abweichend davon kann das Partizip Perfekt einiger Deponentia einen **gleichzeitigen** Vorgang bezeichnen; es wird hier also gewissermaßen „zeitlos" verwendet, z. B.

arbitrā**tus**, **-a**, **-um**	meine**nd**, in der Meinung
véri**tus**, **-a**, **-um**	fürchte**nd**, aus Furcht

77

G 1: Gerundivum: Bildung;
Verwendung zur Bezeichnung einer Eigenschaft oder eines Vorgangs

G 2: Adverbialsätze: Kausalsätze, Konsekutivsätze, Finalsätze

G 1 ▶ Gerundivum

1.1 Bildung

Das **Gerundivum** ist ein **Verbal-Adjektiv**.
Es wird vom **Präsens-Stamm** eines Verbums gebildet.

An diesen treten

- das Bildungselement **-nd-**,
- daran die **Ausgänge** der **ā-/o**-Deklination.
- Zwischen Präsens-Stamm und Bildungselement tritt bei allen Konjugationen mit Ausnahme der ā- und ē-Konjugation ein **Bindevokal**: -e- / -u-.

KASUS
NUMERUS
GENUS

KöNiGs-Regel

Das Gerundivum der jeweiligen Konjugationen lautet:

voca-**nd**-us, -a, -um	leg-*e*-**nd**-us, -a, -um
vide-**nd**-us, -a, -um	faci-*e*-**nd**-us, -a, -um
audi-*e*-**nd**-us, -a, -um	(ad)e-*u*-**nd**-us, -a, -um

Als Verbal-Adjektiv stimmt das GERUNDIVUM in **Kasus**, **Numerus** und **Genus** (KNG-Regel!) mit seinem **Beziehungswort** (*Nomen*, selten auch *Pronomen*) überein.

Singular	Plural
de**us** colend**us**	de**ī** colend**ī**
virt**ūs** laudand**a**	virtūt**ēs** laudand**ae**
dōn**um** nōn contemnend**um**	dōn**a** nōn contemnend**a**

1.2 Verwendung zur Bezeichnung einer Eigenschaft

Das **Gerundivum** hat gelegentlich den Charakter eines bloßen **Adjektivs**; im Deutschen werden zur Wiedergabe Adjektive auf *-wert, -lich* verwendet:

virtūs lauda**nd**a	eine lobens**werte** Leistung
superbia **nōn** fere**nd**a	ein un**erträglicher** Hochmut
rēs mīra**nd**ae	bewunderns**werte** Sachen

Im Satz erfüllt ein so verwendetes **Gerundivum** die syntaktische Funktion eines ATTRIBUTS.

Tacitus	Tacitus berichtete
dē Germānōrum virtūte laudandā	von der lobens**werten** Tüchtigkeit
narrāvit.	der Germanen.

77   *Im Satzmodell:*

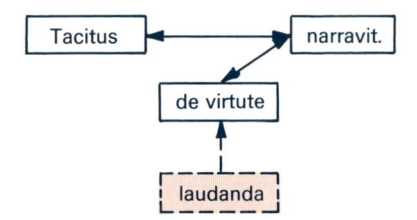

```
Tacitus  ◄────────►  narravit.
              ▲         ▲
              │         │
           de virtute
              ▲
              │
           laudanda
```

1.3   **Verwendung zur Bezeichnung eines Verbalvorgangs**

Sehr häufig wird das von **transitiven** Verben gebildete Gerundivum zur Bezeichnung eines **sich vollziehenden Vorgangs** verwendet.

Unterscheide:

Angabe einer Eigenschaft	dē **virtūte laudandā** narrāre (↗G 1.2) von lobenswerter Leistung erzählen
Angabe eines Vorgangs	**virtūtī laudandae** operam dare sich (darum) bemühen die Leistung zu loben / sich um das Lob(en) der Leistung bemühen

● Das **Gerundivum** bezieht sich seiner Form nach (wie ein Attribut: KNG-Kongruenz) auf ein Nomen oder Pronomen.

● Das **Gerundivum** drückt seiner semantischen Funktion nach einen unvollendeten Vorgang innerhalb des Satzes aus. In dieser Verwendung steht das **Gerundivum** häufig in der sog. „Gerundiv-Konstruktion" im **Genitiv** neben einem **Nomen** (syntaktische Funktion: *Attribut* ①), im **Dativ** (syntaktische Funktion: *Objekt* ②) oder im **Ablativ** ⑥ sowie in einem **Präpositionalgefüge** (syntaktische Funktion: *Adverbiale* ③ – ⑤):

①   Magister bonus omittit   Ein guter Lehrer lässt
     nūllam occāsiōnem   keine Gelegenheit aus
     virtū**tis** lauda**ndae**.   eine **Leistung zu** loben.

②   Magister bonus operam dat   Ein guter Lehrer bemüht sich *(darum)*
     virtū**tī** lauda**ndae**.   eine **Leistung zu** loben /
          um Anerkennung einer Leistung.

③   Magistrī
     ā discipul**īs** admone**ndīs**   Die Lehrer lassen nicht *(davon)* ab
     nōn dēficiunt.   ihre **Schüler zu** ermuntern /
          von der **Aufmunterung ihrer** Schüler.

④   Magistrī   Die Lehrer verwenden Sorgfalt *(darauf)*
     in discipul**īs** doce**ndīs**   die **Schüler zu** unterrichten /
     dīligentiam adhibent.   **auf** den **Unterricht ihrer** Schüler.

⑤   Magistrī interdum conveniunt   Lehrer kommen manchmal zusammen
     viti**ōrum** vituperand**ōrum**   **um Fehler zu** tadeln /
     causā.   **damit sie** Fehler **tadeln**.

⑥   Nam   Denn sie können
     viti**ō** vituperand**ō**   **durch das Tadeln eines** Fehlers /
     multum prōdesse possunt.   **dadurch dass sie** einen Fehler **tadeln**,
          viel nützen.

7 ⟦L→D⟧ Das zur Bezeichnung eines Verbalvorgangs verwendete **Gerundivum** kann im Deutschen wiedergegeben werden:
- zumeist mit einem **Infinitivsatz** ①–⑤
- mit einem **Vorgangssubstantiv** ② ③ ④ ⑥
- mit einem **Gliedsatz** ⑤–⑥

G 2 ▶ Adverbialsätze

2.1 Kausalsätze

Hierō Archimēdem,	Hiero rief Archimedes,
cum scientiam eius māgnī putā**ret**,	**weil** er sein Wissen hoch schätzte,
ad sē arcessīvit.	zu sich.

In dem mit CUM eingeleiteten Gliedsatz ist ein **Grund**, eine **Begründung** ausgedrückt:

⟦ KAUSALSATZ[1] ⟧

Modus: INDIKATIV oder KONJUNKTIV

[1]) Kausalsatz < causa: Ursache, Grund

- Der **Kausalsatz** erfüllt die syntaktische Funktion eines **Adverbiales**.

Im Satzmodell:

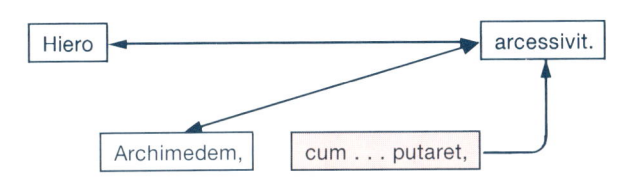

Hiero ⟵ ⟶ arcessivit.
   ↘   ↗
   Archimedem,   cum ... putaret,

- KAUSALSÄTZE werden hauptsächlich mit folgenden Subjunktionen eingeleitet:

Subjunktion	Modus im GS	Bedeutung
cum *(causale)*	Konjunktiv	da; weil (mehr logisch gedachter Grund)
quod / **quia**	Indikativ	da; weil (mehr tatsächlicher Grund)
quoniam	Indikativ	da ja; weil ja
propterea, quod	Indikativ	deshalb, weil

quoniam < *quom-iam; (quom ≈ cum)

77 2.2 Konsekutivsätze

Hierō scientiam Archimēdis *tantī* putābat, **ut** eum auxiliō arcess**e**ret.	Hiero schätzte das Wissen des Archimedes *so hoch* ein, **dass** er ihn zu Hilfe rief.

In dem mit UT (verneint UT NON) eingeleiteten Gliedsatz ist eine **Folge** oder ein **Folgezustand** erfasst:

> KONSEKUTIVSATZ[1]

Modus: KONJUNKTIV

● Der **Konsekutivsatz** erfüllt die syntaktische Funktion eines **Adverbiales**.

---

[1]) Konsekutivsatz < cōnsequī: folgen

Im Satzmodell:

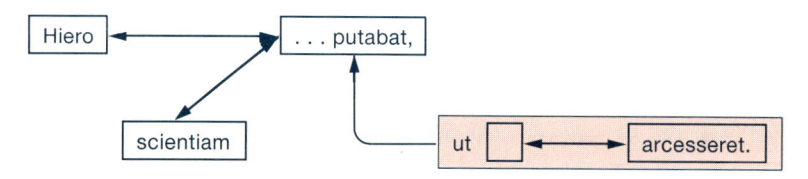

```
[Hiero] ←——→ [... putabat,]
         ↘        ↑
      [scientiam]  [ut] ——→ [arcesseret.]
```

Beachte:

● Auf den **Konsekutivsatz** weisen in der Regel **demonstrative Adverbien** oder **Adjektive** hin, z. B.

demonstrative Adverbien		demonstrative Adjektive	
sīc, ita (bei Verben)	**so,**	tālis, -e	**so** beschaffen
tam, adeō (bei Adjektiven)	**so** sehr	tantus, -a, -um	**so** groß

● Zuweilen **fehlt** im Hauptsatz ein demonstratives Adverb; UT ist dann mit **so dass** wiederzugeben.

Archimēdēs prūdentissimus erat, **ut** nihil nōn posse vidērētur.	Archimedes war sehr gescheit, **so dass** er alles zu können schien.

● QUAM UT (bei Komparativ) **als dass**

Archimēdēs prūdentior erat, **quam ut** difficultāte affic**e**rētur.	Archimedes war zu klug, **als dass** er in Schwierigkeit geraten wäre.

2.3 Finalsätze

Archimēdēs artem suam adhibuit,	Archimedes wandte seine Kunst an,
ut fraudem dētege**ret** /	**um** den Betrug auf**zu**decken /
nē Hierō illūde**rē**tur.	**damit** Hiero **nicht** verspottet wurde.

In dem mit UT (verneint NE) eingeleiteten Gliedsatz ist eine **Absicht**, ein **Zweck** ausgedrückt:

FINALSATZ[1]

Modus: KONJUNKTIV

● Der **Finalsatz** erfüllt die syntaktische Funktion eines **Adverbiales**.

---
[1]) Finalsatz < fīnis, -is *m*: Ende, Ziel, Zweck

Im Satzmodell:

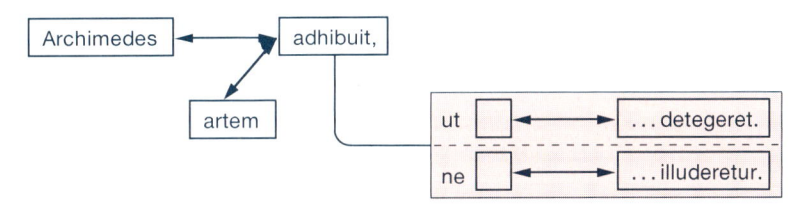

Archimedes ←→ adhibuit,
  artem
  ut [ ] ←→ ...detegeret.
  ne [ ] ←→ ...illuderetur.

Beachte:

● QUO (UT EO) **damit um so** / **desto**

Lēx brevis sit,	Ein Gesetz sei kurz,
quō facil*ius* teneātur.	**damit** es (**um so**) leich*ter* behalten wird.

● Wortverbindungen (Junkturen):

nē **quis** / nē **quisquam**	damit **niemand**
nē **quid** / nē **quicquam**	damit **nichts**
nē **quī** *(adjektivisch)*	damit **kein**
nē **qua**	damit **keine**
nē ... nēve (neu)	damit nicht ... und nicht

● Finale Einschübe:

ut alia omitt**am**	**um** anderes **zu** übergehen
ut *ita* dīc**am**	*so***zu**sagen

78

G 1: Gerundivum: Verwendung zur Bezeichnung der Notwendigkeit
G 2: Deponentia der ī-Konjugation

G 1 ▶ Das Gerundivum zur Bezeichnung der Notwendigkeit

In der Verbindung mit der Copula ESSE bezeichnet das **Gerundivum**

- etwas, was (aus Notwendigkeit oder Zwang) getan werden **muss**,
- *bei Verneinung* (NON o. ä.) etwas, was **nicht** getan werden **darf**.

1.1 Bei transitiven Verben

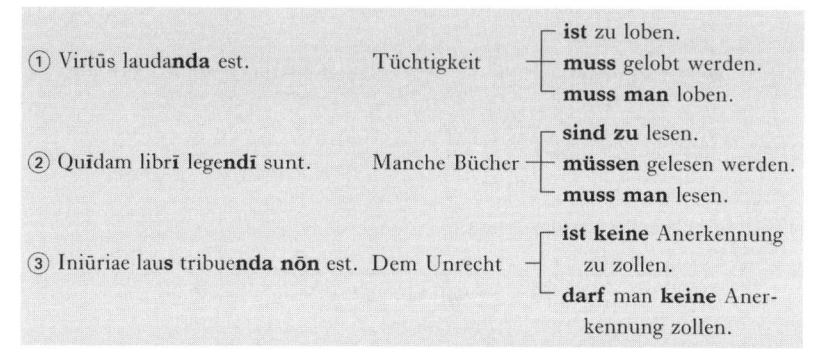

① Virtūs lauda**nda** est.   Tüchtigkeit
 ├ **ist** zu loben.
 ├ **muss** gelobt werden.
 └ **muss man** loben.

② Quīdam librī lege**ndī** sunt.   Manche Bücher
 ├ **sind zu** lesen.
 ├ **müssen** gelesen werden.
 └ **muss man** lesen.

③ Iniūriae lau**s** tribue**nda nōn** est.   Dem Unrecht
 ├ **ist keine** Anerkennung zu zollen.
 └ **darf** man **keine** Anerkennung zollen.

Wenn das Verbum **transitiv** ist, so steht die **Person** oder **Sache**, auf die eine im **Gerundivum** ausgedrückte Handlung gerichtet ist, im **Nominativ**:

> PERSÖNLICHE KONSTRUKTION

1.2 Bei intransitiven Verben

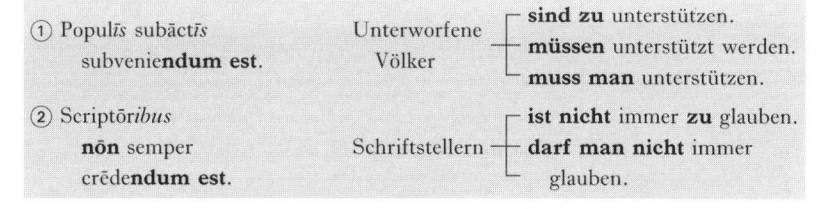

① Populī**s** subāctī**s** subvenie**ndum** est.   Unterworfene Völker
 ├ **sind zu** unterstützen.
 ├ **müssen** unterstützt werden.
 └ **muss man** unterstützen.

② Scriptōr*ibus* **nōn** semper crēde**ndum** est.   Schriftstellern
 ├ **ist nicht** immer **zu** glauben.
 └ **darf man nicht** immer glauben.

Wenn das Verbum **intransitiv** ist, so steht die **Person** oder **Sache**, auf die eine im **Gerundivum** ausgedrückte Handlung gerichtet ist, im **Genitiv**, **Dativ** oder **Ablativ**. Das **Gerundivum** steht immer **im Neutrum Singular**.

> UNPERSÖNLICHE KONSTRUKTION

Quaere**ndum** est.	Man muss fragen.
Tace**ndum nōn** est.	Man darf / soll nicht schweigen.

Häufig ist bei transitiven und intransitiven Verben die **Sache/Person**, auf die eine Handlung gerichtet ist, **nicht genannt**; die Konstruktion ist dann in jedem Falle **unpersönlich**.

1.3 Dativus auctoris (Dativ des Täters)

passivische Übersetzung		aktivische Übersetzung

Hic liber
  mi**hi** /
  võb**īs** /
  discipulō
lege**ndus** est.
	Dieses Buch *muss*
	  von mir /
	  von euch /
	  vom Schüler
	gelesen *werden*.
		Ich *muss*
		Ihr *müsst* ⎤ dieses Buch
		Der Schüler *muss* ⎦ lesen.

Nōbīs
  nōn est
tace**ndum**.
	Von uns
	  darf nicht
	geschwiegen *werden*.
		Wir
		  dürfen nicht
		schweigen.

Die **Person, die** etwas zu tun oder zu unterlassen **hat**, steht im **Dativ**: **Dativus auctoris** *(Dativ des Täters / „Täterdativ")*.

L→D   In der Übersetzung wird dann gewöhnlich die Konstruktion ins Aktiv **umgewandelt**; der **Dativus auctoris** wird im Deutschen zum **Subjekt**.

1.4 Funktion

Das **Gerundivum** zur Bezeichnung der **Notwendigkeit** erfüllt im Satz die syntaktische Funktion eines **Prädikatsnomens**.

Im Satzmodell:

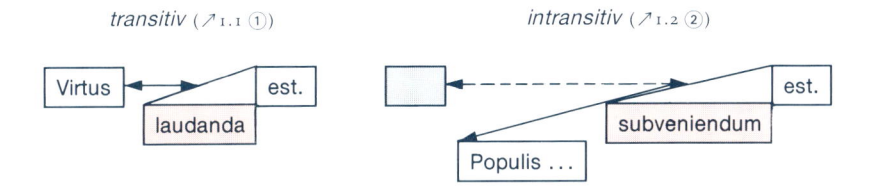

transitiv (↗ 1.1 ①)

intransitiv (↗ 1.2 ②)

Virtus	est.
laudanda	

	est.
Populis ...	subveniendum

1.5 Das Gerundivum in einer AcI-Konstruktion

Mūcius Scaevola patri**am** serva**ndam** (**esse**) putāvit.	Mucius Scaevola meinte, **dass das** Vaterland gerettet **werden müsse**.
Rōmānī popul**īs** subāct**īs** subvenie**ndum** **sibi** persuāserant.	Die Römer waren überzeugt, unterworfene Völker **müssten** unterstützt **werden** / **seien zu** unterstützen.

Das **Gerundivum** zur Bezeichnung der **Notwendigkeit** steht häufig in einer **AcI-Konstruktion**; in einem solchen Falle fehlt zumeist die Copula ESSE.

1.6 Das Gerundivum bei Verben wie trādere, mittere, cūrāre

① Philippus
   Alexandr**um** fīl**ium**
   Aristotelī doce**ndum**
   trādidit.

Philipp *übergab*
seinen Sohn Alexander
dem Aristoteles **zur** Unterweisung.

Passiv:
Alexander Aristotelī
   doce**ndus**
   trādit**us est**.

Alexander wurde dem Aristoteles
zur Unterweisung
übergeben.

② Philippus
   patriam Aristotelis
   restitue**ndam**
   cūrāvit.

Philipp *ließ*
die Heimatstadt des Aristoteles
wiederauf**bauen**.

Bei Verben wie **trādere, mittere, cūrāre** erhält das so verwendete Gerundivum eine besondere Bedeutung; es gibt den **Zweck des Vorgangs** an.

G 2 ▶ Deponentia der ī-Konjugation

2.1 Präsens-Stamm

	Indikativ		Konjunktiv
Präsens	expérior	ich versuche	expériar
	experíris	du versuchst	experiáris
	experítur	er/sie/es versucht	experiátur
	experímur	wir versuchen	experiámur
	experíminī	ihr versucht	experiáminī
	experiúntur	sie versuchen	experiántur
Imperfekt	experiébar	ich versuchte	experírer
	experiēbáris	du versuchtest	experīréris
	usw. (↗Tab. VII₁)		*usw.* (↗Tab. VII₁)
Futur I	expériar	ich werde versuchen	
	experiéris	du wirst versuchen	
	usw. (↗Tab. VII₁)		
Imperativ	experíre!	versuche!	
	experíminī!	versucht!	
Infinitiv	experírī	versuchen	

Partizip Präsens	Gerundium (deklinierter Infinitiv)	Gerundivum
expériēns, -ntis	experiéndī, experiéndō	experiéndus, -a, -um

2.2 Perfekt-Stamm

Die Deponentia der ī-Konjugation bilden das **Partizip Perfekt** nach den Regeln der PPP-Bildung (↗59 G1.2):

mentior	mentītus sum	mentīrī	lügen
ex|perior	expertus sum	experīrī	versuchen, erfahren
ōrdior	ōrsus sum	ōrdīrī	anfangen

2.3 Besonderheiten bei oriri – adoriri

orior	ortus sum	orīrī	aufgehen, entstehen; abstammen
ad|orior	adortus sum	adorīrī	angreifen, sich wenden an

Beachte:

- Das Verbum simplex ORIRI *(entstehen, aufgehen; abstammen)*
  bildet nur den **Infinitiv Präsens** nach der ī-Konjugation,
  alle anderen Formen nach der ĭ-Konjugation (↗69 G1; 70 G1).

- Das Kompositum ADORIRI *(angreifen)*
  bildet **alle Formen** des Präsens-Stammes nach der **ī-Konjugation**.

79

G 1: Deponentia der Konsonantischen Konjugation und der ī-Konjugation:
Formen des Präsens-Stammes

G 2: Perfekt-Stamm

G 1 ▶ Deponentia der Konsonantischen Konjugation und der ī-Konjugation: Formen des Präsens-Stammes

1.1 Die finiten Formen

	Konsonantische Konjugation		ī-Konjugation	
	Präsens			
Indikativ	séquor	ich folge	pátior	ich dulde
	séqueris	du folgst	páteris	du duldest
	séquitur	er/sie/es folgt	pátitur	er/sie/es duldet
	séquimur	wir folgen	pátimur	wir dulden
	sequíminī	ihr folgt	patíminī	ihr duldet
	sequúntur	sie folgen	patiúntur	sie dulden
Konjunktiv	séquar		pátiar	
	sequáris		patiáris	
	usw. (↗Tab. VII₁)		*usw.* (↗Tab. VII₁)	

79

	Konsonantische Konjugation	ĭ-Konjugation
	Imperfekt	
Indikativ	sequḗbar ich folgte sequebā́ris du folgtest usw.	patiḗbar ich duldete patiēbā́ris du duldetest usw.
Konjunktiv	séquerer sequerḗris usw. (↗Tab. VII₁)	páterer paterḗris usw. (↗Tab. VII₁)
	Futur I	
	séquar ich werde ⎫ sequḗris du wirst ⎬ folgen usw. (↗Tab. VII₁) ⎭	pátiar ich werde ⎫ patiḗris du wirst ⎬ dulden usw. (↗Tab. VII₁) ⎭
	Imperativ	
	séquere! folge sequímini! folgt!	pátere! dulde! patímini! duldet!

1.2 Die infiniten Formen

	Konsonantische Konjugation	ĭ-Konjugation
Infinitiv	sequī	patī
Partizip	sequēns, -ntis	patiēns, -ntis
Gerundium (deklinierter Infinitiv)	sequendī	patiendī
Gerundivum	sequendus, -a, -um	patiendus, -a, -um

G 2 ▶ Perfekt-Stamm: Bildung

Die Deponentia der **Konsonantischen** Konjugation und der **ĭ**-Konjugation bilden das **Partizip Perfekt** nach den Regeln der PPP-Bildung (↗25 G1, 32 G2.3; 70 G1):

Konsonantische Konjugation			
lābor	lāpsus sum	lābī	gleiten, fallen
nītor	nīsus / nīxus sum	nītī *(m. Abl.)*	sich stützen *(auf)*, streben *(nach)*; sich anstrengen
ūtor	ūsus sum	ūtī *(m. Abl.)*	gebrauchen, benützen
loquor	locūtus sum	loquī	sprechen, reden
sequor	secūtus sum	sequī *(m. Akk.)*	folgen, sich anschließen
ulcīscor	ultus sum	ulcīscī *(m. Akk.)*	sich rächen *(an / für)*, strafen
ob|līvīscor	oblītus sum	oblīvīscī *(m. Gen.)*	vergessen

ĭ-Konjugation			
ag|gredior	aggressus sum	aggredī	herangehen, angreifen
patior	passus sum	patī	dulden, leiden; zulassen
orior (↗78 G2.3)	ortus sum (oritūrus)	orīrī	entstehen, aufgehen; abstammen

80 G: Adverbialsätze: Temporalsätze (Zusammenfassung und Ergänzung)

G ▶ **Adverbialsätze: Temporalsätze**

Alexander Māgnus,
   cum Persārum rēgnum occupā**visse**t,
multīs Graecīs admīrātiōnī erat.

Als Alexander der Große
das Perserreich besetzt **hatte**,
wurde er von vielen Griechen
bewundert.

In dem mit CUM eingeleiteten Gliedsatz ist eine **Zeitangabe** ausgedrückt:

$$\boxed{\text{TEMPORALSATZ}^1}$$

Modus: KONJUNKTIV

---
[1] Temporalsatz < tempus, -oris: Zeit

Der **Temporalsatz** erfüllt die syntaktische Funktion eines **Adverbiales**.

Im Satzmodell:

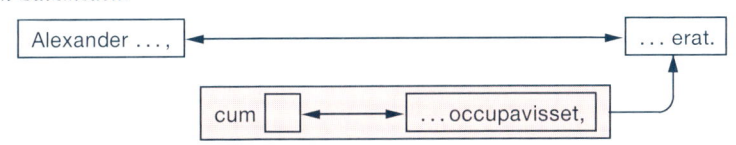

Alexander ..., ⟵⟶ ... erat.
         cum ⟵⟶ ... occupavisset,

.1   Der **einfache Temporalsatz** registriert einen **Zeitvorgang**;
die einleitende **Subjunktion** macht deutlich, ob **im Verhältnis zum Hauptsatz** der Vorgang des Gliedsatzes
- ① **abgeschlossen ist** *(vorzeitig)*,
- ② **noch abläuft** *(gleichzeitig)*,
- ③ **nachher geschieht** bzw. **geschehen kann** *(nachzeitig)*.

Zeitverhältnis	Subjunktion	Modus im Gliedsatz	Bedeutung
① *vorzeitig*	postquam	**Ind.** Perfekt *(Vorzeitigkeit)*	nachdem
	cum (historicum)	**Konj.** Plusquamperfekt *(Vorzeitigkeit)*	als; nachdem
② *gleichzeitig*	dum	**Ind.** Präsens *(Gleichzeitigkeit)*	während
	cum (historicum)	**Konj.** Imperfekt *(Gleichzeitigkeit)*	als
③ *nachzeitig*	antequam, priusquam	Indikativ; **Konjunktiv** *(bei finalem Sinn)*	ehe; bevor

80 .2 Durch die einleitenden **Subjunktionen** kann die **Zeitangabe** des Temporalsatzes **verschiedene Sinnrichtungen** erhalten.

.2.1 **Genaue Fixierung des Zeitpunktes**

① Cīvitātēs Graeciae *tum*, **cum** Alexander in Asiam trāns-gre**ss**us **est**, inter sē nōn cōnsentiē**ba**nt.	Die griechischen Staaten **waren** *damals*, **als** Alexander nach Asien übersetzte, untereinander uneins.
② Alexander *vix* Asiam intrāv**erat**, **cum** Persārum exercitus accessit.	*Kaum* hatte Alexander Asien betreten, **als** das Heer der Perser heranrückte. (*da* rückte . . . heran.)

im Hauptsatz	Subjunktion	Modus im GS	Bedeutung
① (*tum*)	**cum** (relativum)	Indikativ	(*damals* . . .,) **als**; (*dann* . . .,) **wenn**
② Imperfekt *oder* Plusquamperfekt	**cum** (inversivum)	Indikativ **Perfekt**	**als**; **da**

Zu ①: Der **Temporalsatz bezieht sich** in der Regel auf ein Zeit**adverb** (z. B. *tum*) oder Zeit**substantiv** (z. B. *eō tempore*) im Hauptsatz und verdeutlicht diese Zeitangabe.

Zu ②: Der **Temporalsatz erfasst** das oft überraschend eintretende, für den Fortgang der Erzählung wichtige **Hauptereignis**.

L→D Der **Glied**satz lässt sich im Deutschen daher oft in einem **Haupt**satz (mit „*da*") umformen. Im **Haupt**satz weist häufig ein Zeitadverb wie VIX, IAM, NONDUM auf den **folgenden** Temporalsatz hin.

.2.2 **Wiederholung des Vorgangs**

Alexander **quotiēns / cum** Persārum oppidum expūgnāv**erat**, Athēnās ā Persīs dīreptās ulcīscē**bā**tur.	**Sooft** Alexander eine persische Stadt erober**te**, nahm er Rache für die Plünderung Athens durch die Perser.

Subjunktion	Modus im GS	Bedeutung
cum (iterativum) **quotiēns** **quotiēnscumque**	Indikativ (Imperfekt *oder* Plusquamperfekt)	(jedesmal) **wenn**; **sooft**

.2.3 **Unverzügliche Abfolge der Vorgänge**

Alexander **ubī/simulatque** Asiam intrā**vit**, in Trōiae regiōnēs profectus est.	**Sobald** Alexander Asien betreten *hatte*, zog er in das Gebiet von Troja.

Subjunktion	Modus im GS	Bedeutung
cum prīmum ut (prīmum) ubī (prīmum)	(zumeist) Indikativ Perfekt	**sobald** (als)
dum	Indikativ / Konjunktiv	(solange) **bis**

.2.4 **Zeitliches Zusammenfallen der Vorgänge**

Alexander
 dum in regiōnibus Trōiae vers**ā**tur,
sepulcrum Achillis mūneribus
ōrnā**v**it.

Während sich Alexander
 im Gebiet von Troja auf*hielt*,
schmück**te** er Achills Grab mit
Geschenken.

Subjunktion	Modus im GS	Bedeutung
dum	Indikativ **Präsens**	während
dum dōnec	Indikativ	**solange** (als)

In einem **Temporalsatz** mit DUM *(während)* ist das Tempus (**Präsens!**) **unabhängig** (absolut) von der Zeitenfolge gesetzt.
Im Deutschen muss bei einer Zeitangabe der Vergangenheit das **Präteritum** verwendet werden.

.2.5 **Kausaler oder finaler Nebensinn**

① Alexander **cum** audī**viss**et,
 quid Persae in animō habērent,
 equitēs prae-mīsit.

 Als / Da Alexander gehört hatte,
 was die Perser vorhatten,
 schickte er Reiter vor.

② Ipse paulum exspectāvit,
 dum / dōnec tōtus exercitus
 adesset.

 Er selbst wartete (noch) ein wenig,
 bis das ganze Heer
 da **war**.

③ Alexander profectus nōn est,
 priusquam aliquid certī
 dē Persīs audīret.

 Alexander brach nicht auf,
 bevor er etwas Sicheres
 über die Perser **hörte**.

Der **Konjunktiv im Temporalsatz** kann einen besonderen **Nebensinn** andeuten:
In ①: Der Konjunktiv drückt im CUM-Satz einen **kausalen** Nebensinn aus; CUM lässt sich deshalb auch mit *weil, da* übersetzen.
In ②: Der Konjunktiv drückt im DUM-/DONEC-Satz einen **finalen** (↗77 G2.3) Nebensinn aus; etwa: „Er wartete noch, **damit** unterdessen das ganze Heer da war / da sein konnte."
In ③: Auch bei der Subjunktion PRIUSQUAM drückt der Konjunktiv einen **finalen** Nebensinn aus: „... **damit** er seine Unternehmung nicht in Unkenntnis der Perser beginnt."

ZUR SYSTEMATISCHEN WIEDERHOLUNG DER LEKTIONEN 71–80

Auch kurz vor dem Ziel soll die gewohnte Wiederholung nicht fehlen.

1. **Zur Formenlehre**
   1.1 **Nomen**
   1.2 **Verbum**
   Deponens: Wesen und Bedeutung 75 G1
   Deponentia der ā- und der ē-Konjugation:
       Präsens-Stamm 75 G2
       Perfekt-Stamm 76 G1
   Deponentia der ĭ-Konjugation:
       Präsens-Stamm 78 G2.1
       Perfekt-Stamm 78 G2.2
   Deponentia der Konsonantischen und der ĭ-Konjugation:
       Präsens-Stamm 79 G1
       Perfekt-Stamm 79 G2
   FERRE:
       Präsens-Stamm 74 G1
       Perfekt-Stamm 74 G2
       Partizip Präsens Aktiv und Gerundium 74 G1.3
   Gerundium. 73 G1
   Gerundivum . . . . 77 G 1.1

2. **Zur Syntax**
   2.1 **Kasuslehre**
   Dativ des Urhebers 78 G1.3

   2.2 **Satzlehre**
   Arten von Gliedsätzen:
     Subjekt- und Objektsätze:
       Abhängige Aussagesätze 72 G1
       Abhängige Fragesätze 72 G2
     Adverbialsätze:
       Kausalsätze 77 G2.1
       Konsekutivsätze 77 G2.2
       Finalsätze 77 G2.3
       Temporalsätze 80 G1/2
     Relativsätze:
       Konjunktivische Relativsätze 71 G1
       Verschränkte Relativsätze 71 G2

   2.3 **Nominalformen des Verbums**
   Gerundium (erweitert durch Adverb/Objekt) 73 G2
   Gerundivum:
     zur Bezeichnung einer Eigenschaft 77 G1.2
     zur Bezeichnung der Notwendigkeit 78 G1
     zur Bezeichnung des Zwecks eines Vorgangs 78 G1.6
   Deponentia:
   Verwendung des Partizip Perfekt 76 G2

81

G 1: Semideponentia
G 2: Semideponens: REVERTI

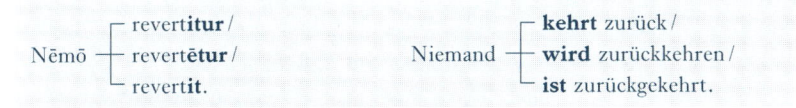

G 1 ▶ Semideponentia

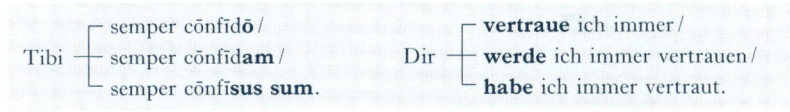

Tibi ⎧ semper cōnfīd**ō** /
⎨ semper cōnfīd**am** /
⎩ semper cōnfī**sus sum**.

Dir ⎧ **vertraue** ich immer /
⎨ **werde** ich immer vertrauen /
⎩ **habe** ich immer vertraut.

Semideponentia sind „*halbe*" Deponentia (↗76 G 1/2; 78 G 2; 79 G 1/2). Sie haben im **Präsens-Stamm** in der Regel **aktivische Formen** *(cōnfīdō, cōnfīdam)* mit **aktivischer Bedeutung**, im **Perfekt-Stamm** aber **passivische Formen** *(cōnfīsus sum)* mit **aktivischer Bedeutung**.

ē-Konjugation			
audeō	au**sus sum**	audēre	wagen
gaudeō	gāvī**sus sum**	gaudēre	sich freuen
soleō	sóli**tus sum**	solēre	gewohnt sein, pflegen
Konsonantische Konjugation			
cōnfīdō	cōnfī**sus sum**	cōnfīdere	vertrauen

G 2 ▶ Semideponens REVERTI

Nēmō ⎧ revert**itur** /
⎨ revert**ētur** /
⎩ revert**it**.

Niemand ⎧ **kehrt** zurück /
⎨ **wird** zurückkehren /
⎩ **ist** zurückgekehrt.

Das **Semideponens** REVERTI *(„sich zurückwenden, zurückkehren")* hat im **Präsens-Stamm passivische Formen** *(revertitur, revertētur)* mit **aktivischer Bedeutung**, im **Perfekt-Stamm aktivische Formen** *(revertit)* mit entsprechender **aktivischer Bedeutung**.

revert**or**	revertī	revertī	zurückkehren

Beachte:

Partizip Perfekt

rever**sus** — einer, der zurückgekehrt **ist**
domum rever**sus** ... — nach Hause zurückgekehrt ...

82
G 1: Modi im unabhängigen Satz: Realis
G 2: Modi im unabhängigen Satz: Potentialis

G 1 ▶ Modi im unabhängigen Satz: Realis

1.1

	Aussagen in einem Brief:	
① Gegenwart	Tū miserrima **es**.	Du **bist** sehr unglücklich.
② Vergangenheit	Accēpī litterās tuās.	Ich **habe** deinen Brief **erhalten**.
③ Zukunft	Tuī nōn oblīvīsc**ar**.	Ich **werde** dich nicht **vergessen**.

Der **Indikativ** zeigt an, dass der Sprechende den Inhalt einer **Aussage** als **wirklich** und **tatsächlich** auffasst oder hinstellt:

$$\boxed{\text{REALIS}}$$

- Der **Realis** wird durch NON oder eine entsprechende **Negation** verneint ③.
- Eine **Aussage im Indikativ** kann in jeder der **drei** Zeitstufen – Gegenwart ①, Vergangenheit ②, Zukunft ③ – formuliert werden.

1.2 Unterschiedlicher Modus-Gebrauch im Lateinischen und Deutschen

Im Lateinischen wird in bestimmten Fällen **abweichend vom Deutschen** der **Indikativ** gebraucht:

Accidere pot**est**.	Es *könnte* geschehen.
Accidere pot**erat** / pot**uit**.	Es *hätte* geschehen *können*.

L→D
- Der **Indikativ im Lateinischen** hebt den Inhalt des Satzes (*hier: das „Können"*) als **wirklich**, als **tatsächlich gegeben** hervor.
- Der **Konjunktiv im Deutschen** fasst den Inhalt des Satzes (*hier: das „Geschehen"*) als **nicht ausgeführt** auf.

- Unterschiedlicher Modus-Gebrauch tritt auf zumeist bei **unpersönlichen Ausdrücken**, die eine **Möglichkeit**, ein **Können** oder eine **Notwendigkeit**, ein **Müssen**, ein **Sollen** bezeichnen, wenn durch den Sprechenden ein Urteil abgegeben wird:

oportet	es gehörte sich (eigentlich)
oportē**bat** / oport**uit**	es *hätte* sich gehört
iūstum **est**	es *wäre* gerecht
iūstum **erat** / **fuit**	es *wäre* gerecht *gewesen*
meum **est**	es *wäre* meine Aufgabe
meum **erat** / **fuit**	es *wäre* meine Aufgabe *gewesen*
longum **est**	es führte zu weit, es *würde* zu weit führen
discere dēbe**ō**	ich *müsste* / *sollte* lernen
discere dēbē**bam** / dēb**uī**	ich *hätte* lernen *sollen* / *müssen*
dīcere pos**sum**	ich *könnte* sagen
dīcere pot**eram** / pot**uī**	ich *hätte* sagen *können*

2 ● Unterschiedlicher Modusgebrauch tritt auch auf in **rhetorischen Fragen**[1] und bei PAENE, z. B.

Quis negat?	Wer *würde* bestreiten?
Quis nōn audīvit?	Wer *hätte* nicht gehört?
Paene cécidī.	*Beinahe wäre ich* gefallen.

[1] In die Form einer *rhetorischen Frage* ist zuweilen eine sehr *eindringliche Behauptung* gekleidet; auf sie wird *keine* Antwort erwartet.

G 2 ▶ Modi im unabhängigen Satz: Potentialis

| ① Crēdat aliquis Themistoclem iūre ē patriā fugātum esse. | Es *könnte* einer glauben, Themistokles sei zu Recht aus dem Vaterland verbannt worden. |
| ② Vix quisquam crēderet Themistoclem in exilium itūrum esse. | Kaum jemand *hätte geglaubt*, dass Themistokles in die Verbannung gehen würde. |

2.1 Der **Konjunktiv** im **Hauptsatz** kann anzeigen, dass der Sprechende
● den Inhalt seiner **Aussage** als **möglich** auffasst oder
● seine Behauptung abschwächt:

POTENTIALIS[1]

Der **Potentialis** wird mit NON verneint.

[1] Potentialis < pot- (↗posse – potest): vermögend, „möglich"

2.2 Der **Konjunktiv Präsens** ① oder **Konjunktiv Perfekt** bezeichnet den **Potentialis der Gegenwart**; das Perfekt ist hierbei gewissermaßen „zeitlos" gebraucht.

crēdat ⎤ aliquis crēdiderit ⎦	jemand *könnte / dürfte* glauben jemand *wird wohl* glauben
dīcās ⎤ dīxeris ⎦	man *könnte / dürfte* sagen
Quis dubitet?	Wer *wird wohl* zweifeln?

● Der **Potentialis der Gegenwart** begegnet häufig im kondizionalen Satzgefüge:
Sī quis neget deum esse, erret.   Wenn jemand die Existenz Gottes leugnen *sollte*, irrt er *wohl*.

2.3 Der **Konjunktiv Imperfekt** ② bezeichnet den **Potentialis der Vergangenheit**.

dīceret aliquis	jemand *hätte* sagen *können*
putārēs	man *hätte* glauben *können*
Quis umquam crēderet?	Wer *hätte* je geglaubt?

● Der **Potentialis der Vergangenheit** begegnet nur **in festen Wendungen**.

83   G1: FIERI
G2: Passiv der Komposita von FACERE

G1 ▶ FIERI

1.1

Präsens	Quid **fit**?	① Was **wird**? Was **geschieht**?
		② Was **wird gemacht**?
Perfekt	Nihil **factum est**.	① Nichts **ist geworden**. Nichts **ist geschehen**.
		② Nichts **ist gemacht worden**.

1.2   Formen des Präsens-Stammes von FIERI

	Präsens			Imperfekt		Futur
	Ind.	Konj.	Imp.	Ind.	Konj.	
Sg. 1.	fīō	fīam	–	fīēbam	fierem	fīam
2.	fīs	fīās	fī!	fīēbās	fierēs	fīēs
3.	fit	fīat	–	fīēbat	fieret	fīet
Pl. 1.	fīmus	fīāmus	–	fīēbāmus	fierēmus	fīēmus
2.	fītis	fīātis	fīte!	fīēbātis	fierētis	fīētis
3.	fīunt	fīant	–	fīēbant	fierent	fīent
Infinitiv	fierī					fore

Der Präsens-Stamm von FIERI lautet **fī-**.

Das *-i-* des Präsens-Stammes ist auch vor Vokalen lang; kurzes *-i-* nur in *fit, fierī, fierem* usw.

G2 ▶ Passiv der Komposita von FACERE

Aktiv	Passiv	
Iter fac**i**unt.	Iter **fit**.	Iter factum est.
Portam patefac**i**unt.	Porta pate**fit**.	Porta patefacta est.
aber:		
Opus perf**i**ciunt.	Opus perf**i**citur.	Opus perfectum est.

Das Passiv von FACERE wird im Präsens-Stamm durch die Formen von FIERI ersetzt.

Beachte:

- Nur diejenigen Komposita von FACERE ersetzen das Passiv des Präsens-Stammes durch FIERI, die **keine** Vokalschwächung (↗L17) zeigen (z. B. *pate-facere*).
- FORE ist der Infinitiv Futur zu FIERI und zu ESSE.

84 G: Zur Kasuslehre: Akkusativ (Zusammenfassung)

G ▶ Akkusativ (Zusammenfassung)

> Der Akkusativ ist der Kasus, der das **Ziel** *(Objekt)* einer Handlung bezeichnet.

.1 Der Akkusativ erfüllt

die syntaktische Funktion des **Objekts** (äußeres / direktes Objekt):

1.1 bei **transitiven Verben**:

Aegrī[1] medicōs arcessunt.   Die Kranken rufen **Ärzte** herbei.

Folgende Verben sind im Lateinischen transitiv:

aequāre	ali**quem**	**jemandem** gleichkommen (jemanden erreichen)
adiuvāre	ali**quem**	**jemandem** helfen (jemanden unterstützen)
iubēre	ali**quem**	**jemandem** befehlen (jemanden beauftragen)
vetāre	ali**quem**	**jemandem** verbieten (jemanden durch Verbot hindern)
dēficere	ali**quem**	**jemandem** fehlen, mangeln (jemanden verlassen)
fugere	ali**quem**	**vor jemandem** fliehen (jemanden meiden)
sequī	ali**quem**	**jemandem** folgen
ulcīscī	ali**quem**	a) **für** jemand Rache nehmen (jemanden rächen)
		b) **an** jemand Rache nehmen

Beachte:

Persönliche Konstruktion im Passiv:

Medicī aegrōs[1] adiuvant.   Die Ärzte helfen *den Kranken*.
Aegrī[1] ā medicīs adiuva**ntur**.   *Den Kranken* wird von den Ärzten geholfen.

1.2 bei **Verben der Gemütsbewegung**:

Hominēs morbōs horrent.   Die Menschen schaudern *vor Krankheiten*.

---

[1]) aeger, aegra, aegrum: krank

84

1.3 bei **Komposita** von IRE, VENIRE (↗19 G2.3):

Medicī aegrōs adeunt.	Die Ärzte suchen **die Kranken** auf (treten an ... heran).
übertragen:	
Aegrī medicōs adeunt.	Die Kranken wenden sich *an* **die Ärzte**.

1.4 bei den **Verben**, die **Akkusativobjekt** und **Prädikatsnomen** bei sich haben (*doppelter Akkusativ* ↗14 G2.2):

Aegrī medicōs amīcōs putant/dūcunt.	Die Kranken halten **die Ärzte** *für* **Freunde**.

Beachte:
Im Passiv doppelter Nominativ!

Medicī ab īnfirmīs amīcī putantur.	**Die Ärzte** werden von den Kranken *für* **Freunde** gehalten.

.2 Der Akkusativ erfüllt

die syntaktische Funktion eines **Adverbiales**:

2.1 als **Akkusativ des Inhalts** (↗68 G1.1):

Medicus **idem** gaudet, **quod** aegrī.	Der Arzt freut sich *über* **dasselbe** *wie* die Kranken.

2.2 als **adverbialer Akkusativ** (↗68 G1.2):

Medicī aegrīs **multum** prōsunt.	Die Ärzte nützen den Kranken **viel**.

2.3 als **Akkusativ der räumlichen und zeitlichen Ausdehnung** (↗17 G2):

Medicī saepe **multa mīlia passuum** ab aegrīs aberant.	Ärzte wohnten oft **viele Meilen** von den Kranken entfernt.
Tamen eōs **multōs annōs** cūrabant.	Dennoch pflegten sie diese **viele Jahre** *(lang)*.

2.4 bei **intransitiven Verben der Bewegung** (*Akkusativ der Richtung* ↗23 G2.2):

Medicus { Rōm**am** / **in** Campāni**am** } contendit.	Der Arzt eilt { **nach** Rom / **nach** Kampanien.

85 G: Zur Kasuslehre: Genitiv (Zusammenfassung)

G ▶ Genitiv (Zusammenfassung)

> Der Genitiv bezeichnet den **Bereich**, auf den ein Begriff bezogen ist.

.1 Der Genitiv erfüllt

die syntaktische Funktion eines **Attributs** oder auch des **Prädikatsnomens**:

1.1 als **Genitivus possessoris** zur Bezeichnung des **Besitzers** (↗16 G2; 60 G2):

cīvitās Rōmān**ōrum**	der Staat **der Römer**
als Prädikatsnomen:	
Illa ad Tiberim cīvitās Rōmān**ōrum** erat.	Jener Staat am Tiber gehörte *den Römern* (... war der der Römer).
Magistrātu**um** Rōmān**ōrum** erat cīvibus cōnsulere.	Es war *Aufgabe / Pflicht / Sache der römischen Behörden* für die Bürger zu sorgen.
aber:	
meum, tuum, nostrum, vestrum est	es ist meine/deine ... *Aufgabe* ...

1.2 als **Genitivus subiectivus** (↗55 G2):

timor Rōmān**ōrum**	die Furcht **der Römer**
(Rōmānī tim**ent**!)	

1.3 als **Genitivus obiectivus** (↗55 G2):

timor Rōmān**ōrum**	die Furcht *vor* den Römern
(⟨Germānī⟩ Rōmān**ōs** timent – Rōmānī timentur!)	

1.4 als **Genitivus qualitatis** zur Bezeichnung einer **kennzeichnenden Eigenschaft** oder **genauen Beschaffenheit** (↗35 G2.1):

Rōmānī, vir**ī** māxim**ae** virtū**tis**, ...	Römer, Männer **von** größter **Tapferkeit** / *sehr tapfere Männer* ...
als Prädikatsnomen:	
Cūnctīne virī Rōmānī māxim**ae** virtū**tis** erant?	Waren alle Römer *sehr tapfer*?

85

1.5 als **Genitivus pretii** zur Bezeichnung eines **allgemeines Wertes**

- bei ESSE *(gelten)* und FACERE/PUTARE *(schätzen)* in der syntaktischen Funktion eines **Prädikatsnomens** (↗65 G1.2):

Rōmānī servōs parvī *(pretiī)* putābant.	Die Römer schätzten die Sklaven *gering*.

- bei den **Verben des Kaufens** u. ä. nur in den allgemeinen **Wertangaben** PLURIS, MINORIS, TANTI, QUANTI in der syntaktischen Funktion des **Adverbiales** (↗65 G1.1):

Rōmānī servōs saepe minōr**is** *(pretiī)* ēmērunt quam bēstiās.	Die Römer kauften Sklaven häufig *billiger* als Tiere ein.

Bei allen anderen Wertangaben steht Ablativ (↗65 G1.1).

1.6 als **Genitivus partitivus** (Teilungsgenitiv) zur Bezeichnung von GRUPPEN **von Personen** oder MENGEN **von Gegenständen**, von denen ein **Teil** genommen ist (↗49 G2):

optimus imperātōr**um**	der beste Kaiser (der beste **der** Kaiser)
māgna vīs aurī	eine große Menge *Gold*
multum labōr**is**	viel *Mühe*

.2 Der Genitiv erfüllt

die syntaktische Funktion des **Objekts**:

2.1 bei **Verben** mit der Bedeutung „(SICH) ERINNERN" und „VERGESSEN" (↗65 G2.1):

Rōmānī māiōr**um** cum pietāte meminerant.	Die Römer dachten an **ihre Vorfahren** in Ehrfurcht.

2.2 bei **Adjektiven/Partizipien** mit der Bedeutung „BEGIERIG, KUNDIG, EINGEDENK, VOLL" (und deren Gegenteil):

Rōmānī māiōr**um** { memorēs / nōn neglegentēs } erant. Die Römer gedachten **ihrer Vorfahren.** (waren ... eingedenk) vernachlässigten *ihre Vorfahren* nicht.

2.3 als **Genitivus criminis** bei den Verben der GERICHTSSPRACHE (↗65 G2.1):

Cicerō Catilīnam coniūrātiōn**is** convīcit.	Cicero überführte Catilina **der Verschwörung.**
ähnlich:	
Catilīnariī capit**is** damnātī sunt.	Die Anhänger des Catilina wurden *zum Tode* verurteilt.

86

G 1: Zur Kasuslehre: Dativ (Zusammenfassung)
G 2: Adverbialsätze: Konzessivsätze und Adversativsätze

G 1 ▶ Dativ (Zusammenfassung)

> Der Dativ gibt die Person oder Sache an, der sich das handelnde Subjekt **mit Interesse zuwendet**.

1.1 Der Dativ erfüllt

die syntaktische Funktion des **Objekts**:

1.1 bei **intransitiven Verben**, die ein NÜTZEN bzw. SCHADEN bedeuten (↗58 G2.1):

Sōcratēs nēminī nocēre, omni**bus** prōdesse voluit.	Sokrates wollte **niemandem** schaden, sondern **allen** nützen.

Im Unterschied zum Deutschen sind **intransitive** Verben:

invidēre ali**cui**	**jemanden** beneiden (jemandem etwas mißgönnen)
persuādēre ali**cui**	**jemanden** überreden/überzeugen (jemandem einreden)

Beachte:
Unpersönliche Konstruktion im Passiv:

Philosophus homini**bus persuāsit** vītam iūstī esse laude dīgnam.	Der Philosoph überzeugte *die Menschen* davon, dass das Leben des Gerechten lobenswert sei.
Homini**bus** ā philosophō **persuāsum est** vītam iūstī esse laude dīgnam.	*Die Menschen wurden* von dem Philosophen *überzeugt*, dass das Leben des Gerechten lobenswert sei.

1.2 bei **intransitiven Komposita** von ESSE, STARE, VENIRE (↗58 G2.1):

Nēmō Sōcratī iūstitiā praestitit.	Niemand übertraf **den Sokrates** an Gerechtigkeit.
Is iuveni**bus** aderat/subveniēbat.	Er versuchte **den jungen Leuten** zu helfen.

1.3 bei **transitiven Verben** als **ergänzende Angabe** (↗9 G2.2):

Sōcratēs homini**bus** spem attulit.	Sokrates brachte **den Menschen** Hoffnung.

86

1.4 als **Dativus commodi** (Dativ des **Vorteils** ↗ 58 G 2.2):

Sōcratēs salūtī hominum timuit.	Sokrates sorgte sich *um das Heil der Menschen*.
Sōcratēs putāvit sē ali**īs** nātum esse.	Sokrates glaubte, er sei *für andere* auf die Welt gekommen.

Merke:	cōnsulere ali**cui**	**für** jemanden sorgen
	timēre ali**cui**	**um** jemand besorgt sein

1.2 Der Dativ bezeichnet auch

die **intensive Beteiligung einer Person** an einer Sache / an einem Geschehen:

2.1 als **Dativus possessivus** zur Bezeichnung des **Besitzers** (↗ 16 G 2) in der syntaktischen Funktion des **Prädikatsnomens**:

Sōcratēs dīxit:	*Sokrates sagte:*
Hominī sōlī **est** ratiō.	Der Mensch allein **hat** / **besitzt** Vernunft. (*Dem Menschen . . . ist Vernunft*).

2.2 als **Dativus auctoris** zur Bezeichnung der **Person**, von der ein Geschehen **verursacht** werden soll / worden ist (↗ 78 G 1.3) in der syntaktischen Funktion des **Adverbiales**:

Sōcratēs dīxit:	*Sokrates sagte:*
Homini**bus** iūstitia est colenda.	*Die Menschen* müssen Gerechtigkeit üben. (*Von den Menschen* muss Gerechtigkeit geübt werden.)
Num cu**i** Sōcratēs iniūriae est convictus?	Ist etwa Sokrates *von irgend jemandem* des Unrechts überführt worden?

1.3 Der Dativ bezeichnet

als **Dativus finalis** in Verbindung mit einem Dativus commodi den **Zweck** eines Vorgangs oder einer Handlung.

3.1 bei ESSE (in der syntaktischen Funktion des **Prädikatsnomens** ↗ 54 G 2.1):

Sōcratis verba iuven**ibus** (māgnō) ūsuī erant.	Die Worte des Sokrates brachten **den jungen Leuten** (*großen*) *Nutzen*. (. . . gereichten . . . zu . . .)

3.2 bei Verben wie DARE, MITTERE, VENIRE u. ä. (in der syntaktischen Funktion des **Adverbiales** ↗ 54 G 2.2):

Cūra iuvenum Sōcrātī modo vitiō, modo laudī dabātur.	Die Sorge um die Jugend wurde **dem Sokrates** bald *als Fehler*, bald *als ehrenwerte Tat* angerechnet.
Is multīs iuven**ibus** auxiliō vēnit.	Er kam **vielen jungen Leuten** *zu Hilfe*.

G 2 ▶ Adverbialsätze: Konzessivsätze und Adversativsätze

Catō **cum** Graecōrum litterās sperne**ret** (**quamquam** . . . spernē**bat**), *tamen* eōrum philosophiam Rōmā expellere nōn potuit.	**Obwohl** Cato die Literatur der Griechen ablehnte, konnte er *(dennoch)* ihre Philosophie aus Rom nicht vertreiben.

In dem mit CUM/QUAMQUAM eingeleiteten Gliedsatz ist ein **Zugeständnis** ausgedrückt, in dem ein „Gegengrund" enthalten ist:

> KONZESSIVSATZ[1]

Modus: INDIKATIV (bei CUM) – INDIKATIV (bei QUAMQUAM)

---
[1]) Konzessivsatz < concēdere: zugestehen, einräumen

2.1 Der **Konzessivsatz** erfüllt die syntaktische Funktion eines **Adverbiales**.

Im Satzmodell:

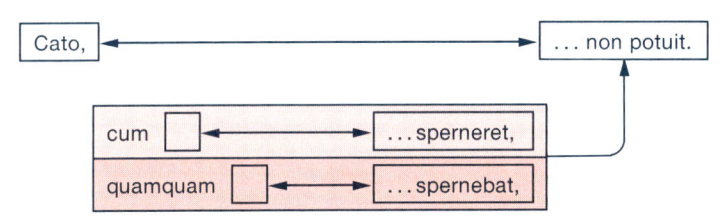

```
Cato, ◄──────────────────────►  ... non potuit.
                                      ▲
        cum   ◄──────► ...sperneret,  │
        quamquam ◄───► ...spernebat,  │
```

2.2

Subjunktionen	Modus	Bedeutung
cum (concessivum) (im HS: ... *tamen*)	Konjunktiv	**obwohl**; **wenn auch**; **obgleich** (im HS: ... *dennoch*)
quamquam	Indikativ	**obwohl**; **wenn auch**
etsī **etiamsī**	Indikativ Indikativ / Konjunktiv	**auch wenn**; **selbst wenn**
quamvīs	Konjunktiv	**wenn auch** (noch so sehr); **wie sehr auch**

2.3 Von den **Konzessivsätzen** zu unterscheiden sind die – seltener vorkommenden – **Adversativsätze**. Sie werden gleichfalls mit CUM und **Konjunktiv** eingeleitet:

Adulēscentēs Rōmānī sermōnem cum philosophīs petēbant, **cum** Catō illōs Rōmā arcendōs cūrā**ret**.	Die jungen Römer suchten das Gespräch mit den Philosophen, **während** Cato sie von Rom fern halten ließ.

86

In dem mit CUM (ADVERSATIVUM) eingeleiteten Gliedsatz ist ein **Gegensatz** zum Vorgang des Hauptsatzes ausgedrückt.

Subjunktion	Modus	Bedeutung
cum (adversativum)	Konjunktiv	**während**; **während dagegen**

87

G 1: Adverbialsätze: Kondizionalsätze – Kondizionale Satzgefüge
G 2: Korrelativische und kondizionale Vergleichssätze

G 1 ▶ Adverbialsätze: Kondizionalsätze – Kondizionale Satzgefüge

Sī tacu**issēs**,   **Wenn** du geschwiegen **hättest**,
  philosophus māns**issēs**.   **wärest** du ein Philosoph geblieben.

In dem mit SI eingeleiteten Gliedsatz wird eine **Bedingung** ausgedrückt, unter der sich der Vorgang des Hauptsatzes vollzieht:

> KONDIZIONALSATZ[1]

---

[1]) Kondizionalsatz < condiciō, -ōnis *f*: Bedingung

1.1 Der **Kondizionalsatz** erfüllt die syntaktische Funktion eines **Adverbiales**.

Im Satzmodell:

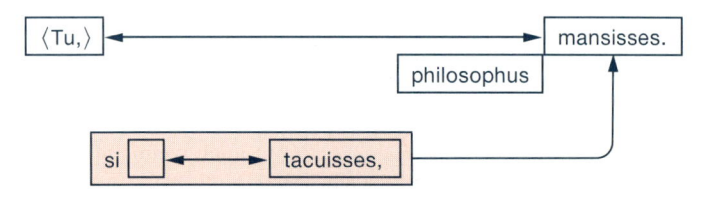

⟨Tu,⟩ ◀──────────────────▶ mansisses.
                              philosophus
        si ◀────▶ tacuisses,

1.2

Subjunktionen	Modus	Bedeutung
sī	Indikativ / Konjunktiv	**wenn; falls**
nisi		**wenn nicht**

Durch die **Verbindung** der Subjunktionen SI/NISI mit bestimmten **Partikeln** oder **Wörtern** erhält der **Kondizionalsatz** eine **zusätzliche Sinnrichtung**:

quodsī	wenn nun; wenn also	**sī quidem**	wenn wirklich
sīn (autem / vērō)	wenn aber	**nihil nisi**	nichts außer; nur

1.3 Kondizionales Satzgefüge

Der **Modus** im (unabhängigen) kondizionalen Satzgefüge wird bestimmt vom **Verhältnis**, in dem die Aussagen des Haupt- und Gliedsatzes zur **Wirklichkeit** stehen.

- Der **Indikativ aller Tempora** zeigt an, dass der Sprechende die Aussage des kondizionalen Satzgefüges als **wirklich, tatsächlich** auffasst: **Realis** (↗82 G1).
- Der **Konjunktiv Präsens/Perfekt** zeigt an, dass der Sprechende die Aussage des kondizionalen Satzgefüges als nur **möglich**, in Gedanken **vorgestellt** auffasst oder hinstellt: **Potentialis** (↗82 G2).
- Der **Konjunktiv Imperfekt/Plusquamperfekt** zeigt an, dass der Sprechende die Aussage des kondizionalen Satzgefüges als **unwirklich** auffasst oder hinstellt: **Irrealis** (↗51 G1.2; 2.2).

Übersicht und Übersetzung:

Art des Satzgefüges	Gliedsatz mit si: *Bedingungssatz*	Hauptsatz: *Folgerungssatz*
Realis	Indikativ aller Tempora Sī ad nōs venis, Sī ad nōs vēnerās, Sī ad nōs vēneris, Wenn du zu uns kommst, Wenn du zu uns kamst, Wenn du zu uns kommst,	Indikativ aller Tempora omnēs gaudent. omnēs gaudēbant. omnēs gaudēbunt. freuen sich alle. freuten sich alle. werden sich alle freuen.
Potentialis der Gegenwart	Konj. Präsens/Perfekt Sī ad nōs veniās / vēneris, Falls du zu uns kommst / kommen solltest,	Konjunktiv Präsens/Perfekt omnēs gaudeant. freuen sich wohl alle.
Irrealis der Gegenwart	Konj. Imperfekt Sī ad nōs venīrēs, Wenn du zu uns kämest,	Konjunktiv Imperfekt omnēs gaudērent. würden sich alle freuen.
der Vergangenheit	Konj. Plusquamperfekt Sī ad nōs vēnissēs, Wenn du zu uns gekommen wärest,	Konjunktiv Plusquamperfekt omnēs gāvīsī essent. hätten sich alle gefreut.

G2 ▶ Adverbialsätze: Korrelativische und kondizionale Vergleichssätze

2.1
① **Quālis** rēx,   **Wie** der König,
    tālis grex.   *so* die Herde.

② **Quot** hominēs,   **Wie viele** Menschen,
    tot sententiae.   *so viele* Meinungen.

③ Virtūs *eadem* in homine   Im Menschen wohnt *dieselbe*
    atque in deō est *(Seneca)*.   sittliche Kraft **wie** in Gott.

④ *Nihil aliud* fēcistī,   Du hast *nichts anderes* getan,
    nisi rem distulistī.   **als** die Sache aufgeschoben.

87

Im **korrelativischen Vergleichssatz** werden **zwei Aussagen** miteinander **verglichen**, indem sie in eine **unmittelbare Entsprechung** *(Korrelation¹)* zueinander gebracht werden.
Der Modus ist in der Regel der **Indikativ**.
Vergleiche dieser Art werden mittels **korrelativer Pronomina, Adjektive** oder **Adverbien** eingeleitet ① ②. Häufig begegnen folgende **Korrelativa**:

tantus	... **quantus**	so groß	... **wie**
tālis	... **quālis**	so *(beschaffen)*	... **wie**
tot	... **quot** *(indeklinabel)*	so viele	... **wie**
nōn tam	... **quam**	nicht so sehr	... **als vielmehr**

Nach **Ausdrücken** der **Gleichheit** und **Ähnlichkeit** sowie deren Gegenteil wird der **Komparativsatz** mit ATQUE/AC eingeleitet ③ ④:

īdem	... **atque/ac**	derselbe	... **wie**
aequē	... **atque/ac**	in gleicher Weise...	... **wie**
aber: **nihil** aliud **nisi**		**nichts** anderes	... **als; nur**

---

¹⁾ Korrelation: Wechselbeziehung < *spätlat.* con-referrī: sich aufeinander beziehen

2.2

① **Quasi** rēx **sīs**, **Als wärest** du ein König,
   nōbīs imperās. *so* gebietest du über uns.
② Nōbīs imperāvistī, Du herrschtest über uns,
   tamquam servī **essē**mus. *(so)* **als wären** wir Sklaven.

Im **kondizionalen Vergleichssatz** sind zumeist **zwei** Vorgänge, die in **zwei verschiedenen Wirklichkeits**bereichen liegen, zum **Vergleich** nebeneinander gestellt.
Der Wirklichkeitsbereich kann als nur **möglich** oder in Gedanken **vorgestellt** angenommen sein.
Der **Modus** in solchen Vergleichssätzen ist der **Konjunktiv Präsens** ① bzw. der **Konjunktiv Imperfekt/Plusquamperfekt** ②.

Häufig begegnen folgende Subjunktionen:

Subjunktionen		Bedeutung
ut/sīcut	... ita (sīc)	**wie ... so**
quemadmodum	... sīc (ita)	
quōmodo	... sīc	**wie ... so**
quam	... tam	
quasi *Konjunktiv*		so, **als ob**
tamquam (sī) *Konjunktiv*		so, **wie wenn**

88 G: Zur Kasuslehre: Ablativ (Zusammenfassung)

G ▶ Ablativ (Zusammenfassung)

> Im Ablativ sind drei ursprünglich selbständige Kasus verschmolzen, der Kasus des **Mittels** (*Instrumentalis*), der Kasus der **Trennung** (*Separativ / Separativus*) und der Kasus der **Ortsangabe** (*Lokativ / Locativus*).

Der Ablativ erfüllt in der Regel die syntaktische Funktion des Adverbiales; er drückt dabei verschiedene Sinnrichtungen (semantische Funktionen) aus.

.1 Der **Ablativus instrumentalis** erfüllt

die syntaktische Funktion eines **Adverbiales**:

1.1 als **eigentlicher Instrumentalis** zur Angabe des **Mittels**
(Frage: *womit?* ↗11 G1.2, 70 G2.1):

gladiō pūgnāre	**mit** dem Schwert kämpfen
manū tenēre	**in** der Hand halten
pūgnā vincī	**in** der Schlacht besiegt werden
poenā afficere	**mit** Strafe belegen / bestrafen
laude dīgnum esse	*des* Lobes würdig sein, *lobens*wert sein
	(**mit** Lob geziert sein)

1.2 als **Ablativus modi** zur Angabe der **begleitenden Umstände** eines Geschehens
(Frage: *wie? womit?* ↗11 G1.2):

iūre	**mit** Recht
vī	**mit** Gewalt, *gewaltsam*
māgnā (cum) dīligentiā colere	**mit** großer **Sorgfalt** pflegen
aber:	
cum dīligentiā colere	**mit** Sorgfalt / *sorgfältig* pflegen

1.3 als **Ablativus pretii** zur Bezeichnung einer **Preisangabe**
(Frage: *um wieviel?* ↗65 G1.1):

māgnō / plūrimō emere	*teuer / sehr teuer* kaufen
parvō / minimō vendere	*billig / sehr billig* verkaufen
māgnō / parvō stāre (cōnstāre)	*viel / wenig* kosten, *teuer / billig* sein

---

aber: **Genitivus pretii** (↗65 G1.2) bei allgemeiner Wertangabe

plūris / minōris emere	*teurer / billiger* kaufen
tantī vendere – quantī	*so teuer* verkaufen *wie*

88

1.4 als **Ablativus limitationis** zur Angabe der **Beziehung**:
(Frage: *in welcher Beziehung?* ↗60 G1; 70 G2.2):

trēs numerō	*drei* **an** der Zahl
aliquem superāre prūdentiā	jemanden **an** Klugheit *übertreffen*

1.5 als **Ablativus mensurae** zur Bezeichnung des **Maßes**, um das sich beim Vergleichen zwei Begriffe **unterscheiden** (Frage: *um wieviel?* ↗60 G1):

duōbus annīs *prius / ante*	(**um**) zwei Jahre *früher*
aliquem paulō *superāre*	jemand (**um**) wenig *übertreffen*

1.6 als **Ablativus causae** zur Angabe eines **Grundes**
(Frage: *wodurch? weswegen?* ↗11 G1.2):

morbō perīre	**durch** eine Krankheit umkommen
morte patris dolēre	**über** den Tod des Vaters betrübt sein
fābulā gaudēre	sich **über** eine Geschichte freuen

Der Ablativus instrumentalis erfüllt

die syntaktische Funktion eines **Objekts**:

1.7 bei einigen **Deponentia**:

fungī mūnere	*ein Amt* verwalten
nītī manibus	sich **auf** *die Hände* stützen
potīrī praedā	sich *der Beute* bemächtigen
aber: rērum potīrī	*die Macht* im Staat an sich reißen
aliquō ūtī amīcō	*jemand als Freund* haben

Der Ablativus instrumentalis erfüllt

die syntaktische Funktion eines **Attributs** oder **Prädikatsnomens**:

1.8 als **Ablativus qualitatis** meist zur Angabe einer **körperlichen** oder **geistig-seelischen Eigenschaft** (Frage: *wie beschaffen?* ↗35 G2.2):

als Attribut:	
mulier singulārī fōrmā	eine Frau **von** *einzigartiger Schönheit*
als Prädikatsnomen:	
Mīlitēs bonō animō sunt.	Die Soldaten sind **in** *guter Stimmung*.

Genitivus qualitatis ↗35 G2.1

.2 Der Ablativus separativus erfüllt

die syntaktische Funktion eines **Adverbiales**:

2.1 bei **Verben** und **Adjektiven**, die ein **Befreien, Freisein** bzw. ein **Berauben, Leer sein** bedeuten (Frage: *wovon?* ↗46 G2):

Nēmō cūrīs	vacat. / līber est. / līberātus est.	Niemand ist **von** *Sorgen* frei/befreit.
Num, quī vinō nōn abstinet, iam cūrīs est vacuus?		Ist etwa einer, der dem Wein zuspricht, schon **von** *Sorgen* frei?

2.2 zur Bezeichnung des **örtlichen** oder **zeitlichen Ausgangspunktes** (Frage: *woher? seit wann?*):

Athēnīs / Carthāgine / Rōmā	**aus** Athen / Karthago / Rom
domō	**von** zu Hause
aber:	
ex urbe	**aus** der Stadt
dē mont**ibus**	**von** den Bergen **herab**
ā prīmā aetāte	**von** frühester Jugend **an**

Er findet sich häufig zur Bezeichnung der **Abstammung** und der **sozialen Herkunft** (Ablativus originis):

deā *nātus*	der Sohn *einer Göttin* (**von** einer **Göttin** geboren)
(ex) hāc familiā *ortus*	**von** dieser **Familie** abstammend
obscūrō locō *nātus*	**von** unbekannter Abstammung

2.3 als **Ablativus comparationis**, nach einem **Komparativ** zur Bezeichnung des **verglichenen Gegenstandes** (Frage: *im Vergleich zu wem? / wozu?* ↗43 G2):

Nēmō *saepius* cōnsul est creātus C. Mariō (*quam* C. Mari*us*).	Niemand ist *öfter* zum Konsul gewählt worden *als C. Marius*.
C. Marius, **quō** *saepius* nēmo creātus est cōnsul, Rōmānōs ā Germānōrum impetū servāvit.	C. Marius, **der** *am häufigsten* zum Konsul gewählt worden ist, hat die Römer vor dem Germanensturm gerettet.

.3 Der Ablativus loci erfüllt

die syntaktische Funktion eines **Adverbiales**:

3.1 im **Ablativus loci** zur Bezeichnung eines **Ortes** (Frage: *wo?* ↗26 G2.2; 67 G1.2):

Athēnīs / Carthāgine	**in** Athen / **in** Karthago
tōtā urbe	**in** der ganzen Stadt
illō locō	**an** jenem Ort
terrā marīque	**zu** Wasser und **zu** Land
aber ursprüngliche Lokativformen (↗67 G1.1):	
dom**ī**	daheim
Rōm**ae** (<*Roma-i*)	**in** Rom

88 Dieser bloße Ablativ ist in der Regel von einem Präpositionalgefüge IN mit Ablativ) verdrängt worden, z. B.

| in forō | auf dem Forum. |

3.2 als **Ablativus temporis** zur Bezeichnung eines **Zeitpunkts** oder eines **Zeitraums** (Frage: *wann?* ↗26 G2.1):

vēre	**im** Frühling
secundō bellō Pūnicō	**im** 2. Punischen Krieg
quīntō a. Chr. n. saeculō	**im** 5. Jahrhundert vor Christus
aber:	
in pāce	*in* Friedens*zeiten*

IN steht beim **Ablativus temporis** zur Bezeichnung von **Zeitumständen**.

89 **G:** Satzanalyse: Einfache Perioden

G ▶ Satzanalyse: Einfache Perioden

① Ad Britanniam cognōscendam,
   priusquam perīculum faceret,
   Caesar Gāium Volusēnum cum nāve longā praemittit.

   Um sich über Britannien Informationen zu verschaffen,
   bevor er das Risiko *(der Überfahrt)* eingehe,
   schickte Caesar Gaius Volusenus mit einem Kriegsschiff voraus.

② **Ut** explōrātīs[1] omnibus rēbus ad sē quam prīmum revertātur,
   eī mandat.

   Dass er nach Erkundung aller Verhältnisse ... zu ihm zurückkehre,
   trägt er ihm auf.

③ Ipse cum omnibus cōpiīs in Mórinōs proficīscitur,
   quod inde erat brevissimus in Britanniam trāiectus[2].

   Er selbst brach mit allen Truppen in das Gebiet der Móriner auf,
   weil von dort aus die Überfahrt nach Britannien am kürzesten war.

④ **Dum** in hīs locīs Caesar nāvium parandārum causā morātur,
   ex māgnā parte Morinōrum ad eum lēgātī vēnērunt,
   quī sē dē superiōris temporis cōnsiliō excūsārent[3].

   Während Caesar in dieser Gegend wegen der Beschaffung von Schiffen verweilte, kamen von einem großen Teil der Móriner Gesandte zu ihm,
   um sich wegen ihrer Absicht in früherer Zeit zu entschuldigen.

---

[1] explōrāre: erforschen, erkunden   [2] trāiectus, -ūs: Überfahrt   [3] sē excūsāre: sich entschuldigen

In den Perioden ① bis ④ sind die adverbialen Umstandsangaben durch **Gliedsätze** vertreten, welche die syntaktische Funktion des **Adverbiales** übernehmen: **adverbiale Gliedsätze**.

In Periode ④ findet sich zusätzlich ein **Relativsatz**, der die syntaktische Funktion eines (finalen) **Adverbiales** übernimmt.

Je nachdem, ob der Gliedsatz **vor** oder **nach** dem Hauptsatz steht oder in diesen eingeschoben ist, unterscheidet man verschiedene Typen von Perioden:

1. „FLÜGELPERIODE" ①

Der Hauptsatz ist durch einen eingeschobenen Gliedsatz unterbrochen.

Im Schema:

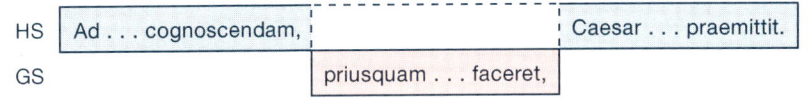

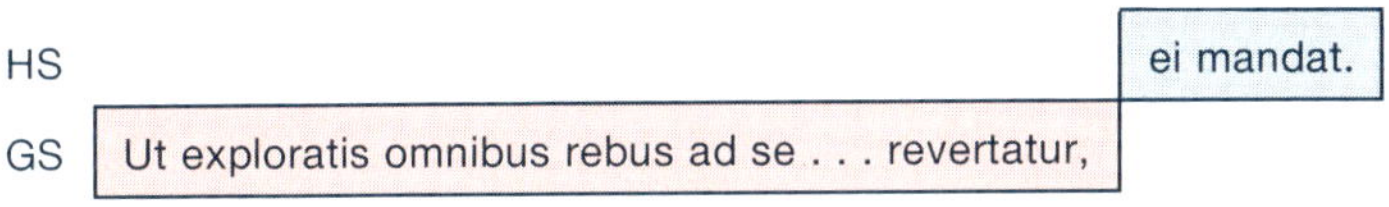

HS	Ad ... cognoscendam,		Caesar ... praemittit.
GS		priusquam ... faceret,	

2. „STEIGENDE PERIODE" ②

Der Gliedsatz steht vor dem Hauptsatz.

Im Schema:

HS		ei mandat.
GS	Ut exploratis omnibus rebus ad se ... revertatur,	

3. „FALLENDE PERIODE" ③

Der Gliedsatz steht nach dem Hauptsatz.

Im Schema:

HS	Ipse ... in Morinos proficiscitur,	
GS		quod inde erat ... traiectus.

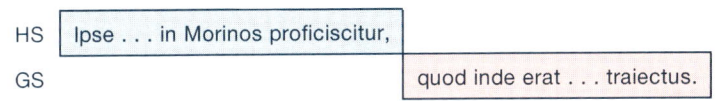

4. „BRÜCKENPERIODE" ④

Der Hauptsatz ist von zwei Gliedsätzen umrahmt, die jeweils auf gleicher Stufe dem Hauptsatz untergeordnet sind.

Im Schema:

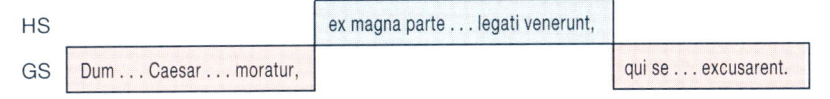

HS		ex magna parte ... legati venerunt,	
GS	Dum ... Caesar ... moratur,		qui se ... excusarent.

G: Satzanalyse: Komplexe Perioden

G ▶ Satzanalyse: Komplexe Perioden

① Volusēnus per-spectīs regiōnibus omnibus,
   quantum eī facultātis darī potuit,
      quī nāve ēgredī ac sē barbarīs committere nōn audēret,
   quīntō diē ad Caesarem revertitur,
   quaeque ibi per-spexisset,
   re-nūntiat.

Als Volusenus alle Gegenden in Augenschein genommen hatte,
   soweit sich einem die Möglichkeit dazu bieten konnte,
      der es nicht wagte das Schiff zu verlassen und sich unter
      die Barbaren zu wagen,
   kehrte er am fünften Tag zu Caesar zurück und erstattete darüber Bericht,
   was er wahrgenommen hatte.

Im Schema:

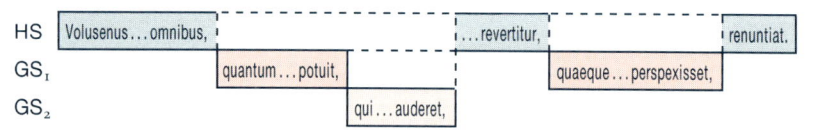

HS	Volusenus...omnibus,		...revertitur,		renuntiat.
GS₁		quantum...potuit,		quaeque...perspexisset,	
GS₂			qui...auderet,		

② Caesar eā legiōne,
   quam sēcum habēbat,
   mīlitibusque,
      quī ex prōvinciā convēnerant,
   ā lacū Lemannō,
      quī in flūmen Rhódanum īn-fluit,
   ad montem Iūram,
      quī fīnēs Sēquanōrum ab Helvētiīs dīvidit,
   mīlia passuum ūndēvīgintī mūrum fossamque[1] per-dūcit.

Caesar führte mit der Legion,
   die er bei sich hatte,
   und den Soldaten,
      die aus der Provinz zusammengekommen waren,
   vom Genfer See,
      der in die Rhône einmündet,
   bis zum Juragebirge,
      das die Séquaner von den Helvetiern trennt,
   Mauer und Graben von 19 Meilen Länge auf.

---

[1] fossa, -ae: Graben

Im Schema:

Caesar ea legione,	militibusque,	a lacu…,	ad montem…,	…perducit.
quam…habebat,	qui…convenerant,	qui…influit,	qui…dividit,	

③ Eō opere perfectō praesidia dis-pōnit,
    quō facilius hostēs,
        sī sē invītō trānsīre cōnārentur,
    prohibēre posset.

Nach Abschluss dieser Arbeiten verteilte er die Wachmannschaften,
    damit er (um so) leichter Feinde abhalten könne,
        wenn sie gegen seinen Willen hinüberzugelangen versuchten.

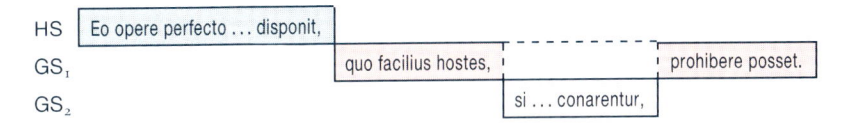

Im Schema:

HS | Eo opere perfecto … disponit,
GS₁ | quo facilius hostes, … prohibere posset.
GS₂ | si … conarentur,

ZUR SYSTEMATISCHEN WIEDERHOLUNG DER LEKTIONEN 81–90

Du hast das Ziel erreicht. Die Wiederholung dieser letzten Übersichtstabelle wird dir für die kommende Lektüre nützlich sein.

1. **Zur Formenlehre**
    1.1 **Nomen**
    1.2 **Verbum**
        FIERI 83 G1
            als Passiv von FACERE und von Komposita wie PATEFACERE . . . 83 G2
        Semideponentia 81 G1/2

2. **Zur Syntax**
    2.1 **Kasuslehre (Zusammenfassung)**
        Genitiv . . . . 85 G
        Dativ 86 G1
        Akkusativ . . . . 84 G
        Ablativ . . . . 88 G

    2.2 **Satzlehre**
        Modi im unabhängigen Satz:
            Realis 82 G1
            Potentialis 82 G2
        Adverbialsätze:
            Konzessivsätze 86 G2
            Adversativsätze 86 G2.3
            Kondizionalsätze 87 G1
            Korrelativische Vergleichssätze 87 G2.1
            Kondizionale Vergleichssätze 87 G2.2
        Satzanalyse:
            Einfache Perioden . . . . 89 G
            Komplexe Perioden . . . . 90 G

ANHANG

Lautlehre und Tabellenteil

(L 1–8 ↗Grammatisches Beiheft A)

> REGELN

Rechtschreibung

L9 ▶ Die **lateinischen Laute** werden weitgehend wie die deutschen geschrieben. Achte aber auf den Unterschied zwischen der Schreibweise und Aussprache bei den Lauten *ae, oe, y, c* (für *z* und *k*), *i* (für *i* und *j*), *v* (für *w*): ↗L4; L5; L6 (in GB A).

L10 ▶ Lateinische Wörter werden in der Regel **kleingeschrieben** (z. B.: *vīlla, suādēre, lingua*).
Großgeschrieben werden nur Wörter am **Satzanfang** sowie **Eigennamen** (z. B.: *Rōmānī, Cornēlia, Colossēum*) und deren **Ableitungen** (z. B.: *imperium Rōmānum*).

Silbentrennung

L11 ▶ Die lateinischen Wörter werden wie die deutschen **nach Silben** getrennt (z. B.: *cot-tī-di-ē*).
Zusammengesetzte Wörter trennt man nach ihren **Bestandteilen** (z. B.: *post-eā*).

Folgende **Abweichung vom Deutschen** ist zu beachten:

● Die Verbindung von **Muta mit Liquida** (z. B.: *tr, pl, chr, gr*) wird **nicht** getrennt (z. B.: *con-trā, am-plus, pul-chra, mi-grō*).

Betonungsregeln

Die lateinischen Wörter werden auf der **vorletzten** *oder* **drittletzten** Silbe betont. **Ausschlaggebend** für die Betonung ist die **vorletzte** Silbe.

L12 ▶ **Zweisilbige** Wörter werden auf der vorletzten Silbe betont.

L13 ▶ Für Wörter mit **drei** und **noch mehr Silben** gilt folgende Regelung:

.1 Ist die **vorletzte Silbe lang**, trägt sie den Ton (z. B.: *nātúra, fenéstra*).

.2 Ist die **vorletzte Silbe kurz**, erhält die drittletzte den Ton (z. B.: *ártĭbus, muliérĭbus, homínĭbus*).

DREI-SILBEN-GESETZ
BETONUNG

L14 ▶ Eine Silbe ist entweder **von Natur** aus lang (z. B.: *nā-tū-ra*) oder durch die ‚**Position**'.

.1 Wenn **auf einen kurzen Vokal mehrere Konsonanten** folgen, gilt die Silbe, zu der dieser Vokal gehört, als lang (*Positionslänge*, z. B.: *fe-nés-tra*).

.2 Verbindungen von Muta mit Liquida (↗L6–7) bewirken jedoch keine Positionslänge (z. B.: *rémĭgrō*).

L15 ▶ Wenn die Konjunktion **-que** oder die Fragepartikel **-ne** an ein Wort treten, wird stets die **vorhergehende Silbe betont** (z. B.: *pater mātérque; migrābitísne*).

Lautregeln der Vokale

In fast allen Sprachen lässt sich verfolgen, dass durch Abwandeln von Lauten *einzelner Wörter* jeweils eine neue *Ausdrucksform* gewonnen werden kann (z. B.: g**u**t – G**ü**te, w**e**rden – gew**o**rden). Diese Erscheinung nennt man Ablaut; sie findet sich auch im Lateinischen.

L16 ▶ **Ablaut**

Ablaut ist ein **Wechsel der Vokale des Wortstockes**. Dieser Wechsel erfolgte bereits in sehr früher Zeit. Dabei konnte entweder die SPRECHDAUER *(Quantität)* oder die KLANGFARBE *(Qualität)* verändert werden.

.1	**Quantität:**	Dehnung	i**ŭ**vō	i**ū**vī
		Kürzung	f**oe**dus (<* *foid-*)	f**i**dēs
			f**ā**ma	f**ă**teor
		Schwund	**e**s-te	s-unt
.2	**Qualität:**		n**e**cō	n**o**ceō
			f**e**rō	f**o**rtūna

Das ‚Sternchen' * weist darauf hin, dass das Wort, vor dem es steht, eine ursprüngliche, nicht mehr vorhandene Erscheinungsform darstellt.

L17 ▶ **Vokalschwächung in Binnensilben**

Eine weitere Veränderung kurzer Vokale trat – teilweise unter Einwirkung einer ursprünglichen Anfangsbetonung – ein, indem der Vokal abgeschwächt wurde (**Vokalschwächung**):

a > e	da**mn**āre	> conde**mn**āre
a > i	a**m**īcus	> ini**m**īcus
i > e	appellābitur	> appellāberis
u > i	cap**u**t	> cap**i**tis
u > e	gen**u**s	> gen**e**ris
u > o	corp**u**s	> corp**o**ris

L18 ▶ Vokalkürzung

.1 Endsilben werden (außer vor -s) **gekürzt**:
animăl (aber: animālis), diĕm (aber: diēs), vidĕt (aber: vidēs).

.2 Langer Vokal wird vor unmittelbar folgendem Vokal **gekürzt**:
rĕī (aber: rēs), placĕā́mus (aber: placēmus), gaudĕō (aber: gaudēs).

.3 Kurze Vokale werden im **Partizip Perfekt Passiv** (PPP) **gedehnt**, wenn der Präsens-Stamm auf **-g-** oder **-d-** auslautet:
rēctum (< *reg-tum), aber rĕgere; dīvīsum (< *dīvid-tum), aber dīvĭdere.

.4 Ersatzdehnung tritt ein, wenn der **auslautende Konsonant** des Wortstocks **ausfällt**:
mōtus < *mŏvtus; sēdecim < *sĕxdecim; īdem < *ĭsdem.

L19 ▶ Kontraktion

Zwei innerhalb eines Wortes **zusammenstoßende Vokale** werden häufig in einen langen Vokal ‚zusammengezogen' *(kontrahiert)*: *cŏ-ăgō* > cōgō; *laudaō* > laudō; eīsdem > īsdem; deīs > dīs.

a-o > ō
KONTRAKTION

L20 ▶ Vokalentfaltung – Vokalschwund

.1 Zur Erleichterung der Aussprache werden zwischen Konsonanten kurze ‚Hilfsvokale' **eingeschoben**: **agr* > ager; **laudāb-s* > laudābis.

.2 Im Wortinnern **‚schwindet'** in einigen Fällen der Vokal *(Synkope)*:
*validē > valdē.
Am Wortende **entfällt auslautendes -e** bei manchen Wörtern:
*animāle > **animāl* > animăl (↗L18.1);
neque > **neq* > nec.

L21 ▶ Vokaländerung in der Endsilbe

.1 Kurzes **-o-** wird vor **-s, -m, -nt** zu **-u-**: domin**u**s < *dominos.
Kurzes **-i** wird zu **-e**: mar**e** < *mari.

.2 Im Auslaut wird **-oi** zu **-ī**: dominī < *dominoi,
-ai wird zu **-ae** oder **-ī**: cur**ae** < *cūrāi, cūrīs < *cūrais.

Lautregeln der Konsonanten

Konsonanten werden im Lateinischen nur verändert, wenn dadurch eine Vereinfachung der Aussprache oder Schreibung erreicht wird.

L22 ▶ **Rhotazismus**

-s- zwischen Vokalen wird zu -r-.

honōs – honōris esse – eris, erat
litus – litoris gessī – gestum – gerō

L23 ▶ **Assimilation**

Ein Konsonant wird an den folgenden oder vorausgehenden **angeglichen**. Diese Erscheinung findet sich hauptsächlich in zusammengesetzten Wörtern.

ad-pellō > appellō *asper-simus > asperrimus
*pot-sum > possum *vel-se > velle

L24 ▶ **Annäherung von Konsonanten**

Manchmal erfolgt zur leichteren Aussprache nur eine „**Annäherung**" der Konsonanten:

in-plēre > implēre scrībō: *scrīb-sī > scrīpsī
*eum-dem > eundem regō: *reg-tum > rēctum

L25 ▶ **Dissimilation**

Wenn zwei gleiche, kurz aufeinander folgende Konsonanten den Sprachfluss erschweren, wird in der Regel der **erste** (meist zu -r-) **geändert**.

*medi-diēs > merīdiēs *can-men > carmen
aber: *famili-ālis > familiāris

L26 ▶ **Konsonantenschwund – Konsonanteneinschub**

.1 **Auslautende** Konsonantengruppen werden **verkürzt**:

*es-s > es *ped-s > *pes-s > pēs

.2 Bei **Konsonantenhäufung** wird oft der **mittlere Konsonant ausgestoßen**:

*sent-sī > sēnsī *tend-tum > tentum *merg-sī > mersī.

.3 Zwischen -**m**- und **folgendem** -**s**- bzw. -**t**- wird manchmal ein **Konsonant** zur Erleichterung der Aussprache **eingeschoben**:

*sum-sī > sūmpsī *ēm-tum > ēmptum

Verbindung von -s- mit Mutae

L27 ▶ In Verbindung mit folgendem -**s** werden die **K-Laute** zu -**x**.

c-s > -x pāx < *pac-s   g-s > -x rēx < *rēg-s

L28 ▶ In Verbindung mit folgendem -**s** werden die **T-Laute** zu einem -**s**.

t-s > -s pars < *part-s   d-s > -s pēs < *pes-s < *ped-s

DEKLINATIONEN

Substantive

I₁

	ā-Deklin.	o-Deklination			Konson. Deklination	
	Freundin	Freund	Feld	Geschenk	Sieger	Bündnis
	f	m	m	n	m	n
Sg.						
N.	amīca	amīcus	ager	dōnum	victor	foedus
G.	amīcae	amīcī	agrī	dōnī	victōris	foederis
D.	amīcae	amīcō	agrō	dōnō	victōrī	foederī
Akk.	amīcam	amīcum	agrum	dōnum	victōrem	foedus
Abl.	ā/ab amīcā	ā/ab amīcō	agrō	dōnō	ā/ab victōre	foedere
V.	amīca	amīce	–	–	victor	–
Pl.						
N.	amīcae	amīcī	agrī	dōna	victōrēs	foedera
G.	amīcārum	amīcōrum	agrōrum	dōnōrum	victōrum	foederum
D.	amīcīs	amīcīs	agrīs	dōnīs	victōribus	foederibus
Akk.	amīcās	amīcōs	agrōs	dōna	victōrēs	foedera
Abl.	ā/ab amīcīs	ā/ab amīcīs	agrīs	dōnīs	ā/ab victōribus	foederibus
V.	amīcae	amīcī			victōrēs	

Adjektive

I₂

	ā- und o-Deklination					
	wahr, echt			rau		
	m	f	n	m	f	n
Sg.						
N.	vērus	vēra	vērum	asper	aspera	asperum
G.	vērī	vērae	vērī	asperī	asperae	asperī
D.	vērō	vērae	vērō	asperō	asperae	asperō
Akk.	vērum	vēram	vērum	asperum	asperam	asperum
Abl.	vērō	vērā	vērō	asperō	asperā	asperō
V.	vēre	vēra	vērum	asper	aspera	asperum
Pl.						
N./V.	vērī	vērae	vēra	asperī	asperae	aspera
G.	vērōrum	vērārum	vērōrum	asperōrum	asperārum	asperōrum
D.	vērīs	vērīs	vērīs	asperīs	asperīs	asperīs
Akk.	vērōs	vērās	vēra	asperōs	asperās	aspera
Abl.	vērīs	vērīs	vērīs	asperīs	asperīs	asperīs

Substantive

ī-Deklination					ē-Deklin.	I₁
reine i-Stämme		Mischklasse				
Turm	*Meer*	*Schiff*	*Nacht*	*Herz*	*Sache*	
f	n	f	f	n	f	
						Sg.
turris	mare	nāvis	nox	cor	rēs	N./V.
turris	maris	nāvis	noctis	cordis	rēī	G.
turrī	marī	nāvī	noctī	cordī	rēī	D.
turrim	mare	nāvem	noctem	cor	rēm	Akk.
turrī	marī	nāve	nocte	corde	rē	Abl.
						Pl.
turrēs	maria	nāvēs	noctēs	corda	rēs	N./V.
turrium	marium	nāvium	noctium	cordium	rērum	G.
turribus	maribus	nāvibus	noctibus	cordibus	rēbus	D.
turrēs	maria	nāvēs	noctēs	corda	rēs	Akk.
turribus	maribus	nāvibus	noctibus	cordibus	rēbus	Abl.

Adjektive

ī-Deklination							I₂
scharf			*gewaltig*				
m	f	n	m	f	n		
							Sg.
ācer	ācris	ācre	ingēns	ingēns	ingēns		N./V.
	ācris			ingentis			G.
	ācrī			ingentī			D.
ācrem	ācrem	ācre	ingentem	ingentem	ingēns		Akk.
	ācrī			ingentī			Abl.
							Pl.
ācrēs	ācrēs	ācria	ingentēs	ingentēs	ingentia		N./V.
	ācrium			ingentium			G.
	ācribus			ingentibus			D.
ācrēs	ācrēs	ācria	ingentēs	ingentēs	ingentia		Akk.
	ācribus			ingentibus			Abl.
Komparative und *dīves, pauper, vetus* nach Konsonantischer Deklination			**Partizip Präsens Aktiv:** Abl. Sg. **-e** *(vocante)* [aber attributiv: *ārdentī studiō*]				Be-sonder-heiten

3 Besonderheiten der Deklinationen

3.1 ā-/o-Deklination

GENUS:	Neutrum			
vulgus, -ī	Volk, also Akk. Sg. vulgus			
NUMERUS:	**Pluralwörter**			
dīvitiae, -ārum	Reichtum		arma, -ōrum	Waffen
īnsidiae, -ārum	Hinterhalt		castra, -ōrum	Lager
thermae, -ārum	Thermen			

3.2 Konsonantische/ĭ-Deklination

Konsonantische Deklination		ĭ-Deklination: Mischklasse	
GENUS			
Maskulina			
sermō, -ōnis	Rede	orbis, -is	Kreis
pēs, pĕdis	Fuß	mōns, -ntis	Berg
sōl, sōlis	Sonne		
Femininum			
arbor, -ŏris	Baum		
Neutra			
iter, itíneris	Reise	vēr, vēris	Frühling
NUMERUS: Pluralwörter			
opēs, -um	Reichtum, Einfluss	māiōrēs, -um	Vorfahren, Ahnen
precēs, -um	Bitten, Gebet		

3.3 (u-/ē-Deklination)

u-Deklination		ē-Deklination	
GENUS			
Feminina		**Maskulina**	
domus, -ūs	Haus	diēs, -ēī	Tag
manus, -ūs	Hand, Schar	merīdiēs, -ēī	Mittag

PRONOMINA

Personal-Pronomina II₁

nicht-reflexiv		reflexiv
ego	ich	
tū	du	
is	er	
ea	sie	suī, sibi, sē
id	es	

nicht-reflexiv		reflexiv
nōs	wir	
vōs	ihr	
iī (eī)	sie	
eae	sie	suī, sibi, sē
ea	sie	

Possessiv-Pronomina II₂

meus, -a, -um	mein
tuus, -a, -um	dein
eius *(nicht refl.)*	sein/ihr
suus, -a, -um *(refl.)*	sein/ihr

noster, -tra, -trum	unser
vester, -tra, -trum	euer
eōrum/eārum/eōrum *(nicht refl.)*	ihr
suus, -a, -um *(refl.)*	ihr

Demonstrativ-Pronomina II₃

hic, haec, hoc *dieser (mein)*			**iste, ista, istud** *dieser (dein)*			**ille, illa, illud** *dieser/jener (sein/ihr)*		
hic	haec	hoc	iste	ista	istu**d**	ille	illa	illu**d**
	huius			istīus			illīus	
	huic			istī			illī	
hunc	hanc	hoc	istum	istam	istu**d**	illum	illam	illu**d**
hōc	hāc	hōc	istō	istā	istō	illō	illā	illō
hī	hae	haec	istī	istae	ista	illī	illae	illa
hōrum	hārum	hōrum	istōrum	istārum	istōrum	illōrum	illārum	illōrum
	hīs			istīs			illīs	
hōs	hās	haec	istōs	istās	ista	illōs	illās	illa
	hīs			istīs			illīs	

is, ea, id *dieser, derjenige*			**īdem, eadem, idem** *derselbe, eben dieser*			**ipse, ipsa, ipsum** *selbst, selber*		
is	ea	i**d**	īdem	éadem	idem	ipse	ipsa	ipsum
	eius			eiusdem			ipsīus	
	eī			eīdem			ipsī	
eum	eam	i**d**	eu*n*dem	ea*n*dem	idem	ipsum	ipsam	ipsum
eō	eā	eō	eōdem	eādem	eōdem	ipsō	ipsā	ipsō
iī (eī)	eae	ea	īdem	eaedem	éadem	ipsī	ipsae	ipsa
eōrum	eārum	eōrum	eōru*n*dem	eāru*n*dem	eōru*n*dem	ipsōrum	ipsārum	ipsōrum
	iīs (eīs)			īsdem			ipsīs	
eōs	eās	ea	eōsdem	eāsdem	eadem	ipsōs	ipsās	ipsa
	iīs (eīs)			īsdem			ipsīs	

II₄ Relativ-Pronomina

	quī, quae, quod welcher; der			verallgemeinernde Relativ-Pronomina wer auch immer; jeder, der				
				substantivisch		adjektivisch		
Sg.	*m*	*f*	*n*	*m*	*n*	*m*	*f*	*n*
N.	quī	quae	quod	quisquis	quicquid	quīcumque	quaecumque	quodcumque
G.		cuius		–		cuiuscumque		
D.		cui		–		cuicumque		
Akk.	quem	quam	quod	–	quicquid	quemcumque	quamcumque	quodcumque
Abl.	quō	quā	quō	–		quōcumque	quācumque	quōcumque
Pl.								
N.	quī	quae	quae			quīcumque	quaecumque	quaecumque
G.	quōrum	quārum	quōrum			quōrumcumque	quārumcumque	quōrumcumque
D.		quibus					quibuscumque	
Akk.	quōs	quās	quae			quōscumque	quāscumque	quaecumque
Abl.		quibus					quibuscumque	

II₅ Indefinit-Pronomina

5.1 quīdam, quaedam, quiddam (quoddam): ein (gewisser)

	substantivisch			adjektivisch		
	m	*f*	*n*	*m*	*f*	*n*
Sg. N.	quīdam	quaedam	quiddam	quīdam	quaedam	quoddam
G.		cuiusdam			cuiusdam	
D.		cuidam			cuidam	
Akk.	que**n**dam	qua**n**dam	quiddam	que**n**dam	qua**n**dam	quoddam
Abl.	quōdam	quādam	quōdam	quōdam	quādam	quōdam
Pl. N.	quīdam	quaedam	quaedam	quīdam	quaedam	quaedam
G.	quōru**n**dam	quāru**n**dam	quōru**n**dam	*usw.*		
	usw.					

5.2

substantivisch:	quis, quid aliquis, aliquid quisquam, quicquam	} *(irgend)wer, jemand*
adjektivisch:	quī, qua, quod aliquī, aliqua, aliquod ūllus, ūlla, ūllum	} *(irgend)ein*

	substantivisch				adjektivisch		
	m	*n*	*m*	*n*	*m*	*f*	*n*
Sg. N.	aliquis	aliquid	quisquam	quicquam	aliquī	aliqua	aliquod
G.	alicuius		cuiusquam		alicuius		
D.	alicui		cuiquam		alicui		
Akk.	aliquem	aliquid	quemquam	quicquam	aliquem	aliquam	aliquod
Abl.	aliquō		quōquam		aliquō	aliquā	aliquō
			m	*f*	*n*		
Pl. N.			ūllī	ūllae	ūlla	aliquī	aliquae	aliqua
G.			ūllōrum	ūllārum	ūllōrum	aliquōrum	aliquārum	aliquōrum
D.				ūllīs			aliquibus	
Akk.			ūllōs	ūllās	ūlla	aliquōs	aliquās	aliqua
Abl.				ūllīs			aliquibus	

5.3

substantivisch:	**quisque, quidque** **ūnusquisque, ūnumquidque** } *jeder*
adjektivisch:	**quisque, quaeque, quodque** **ūnusquisque, ūnaquaeque, ūnumquodque** } *jeder, jede, jedes*

	substantivisch		adjektivisch		
	m	*n*	*m*	*f*	*n*
Sg. N.	quisque	quidque	quisque	quaeque	quodque
G.	cuiusque		cuiusque		
D.	cuique		cuique		
Akk.	quemque	quidque	quemque	quamque	quodque
Abl.	quōque		quōque	quāque	quōque

nēmō – nihil – nūllus, nūlla, nūllum   II₆

	substantivischer Gebrauch		adjektivischer Gebrauch		
	nēmō	*niemand, keiner*	**nūllus**	*kein(er)*	
	nihil	*nichts*	**nūlla**	*keine*	
			nūllum	*kein(es)*	
	m	*n*	*m*	*f*	*n*
N.	nēmō	nihil	nūllus	nūlla	nūllum
G.	**nūllīus**	**nūllīus reī**	nūllīus		
D.	**nēminī**	**nūllī reī**	nūllī		
Akk.	nēminem	nihil	nūllum	nūllam	nūllum
Abl.	**ā nūllō**	**nūllā rē**	nūllō	nūllā	nūllō

Pronomina der „Zweiheit"   II₇

alter	**altera**	**alterum**	*der eine/andere (von zweien)*
uterque	**utraque**	**utrumque**	*jeder (von zweien), beide*

Deklination wie NULLUS, NULLA, NULLUM ↗Tab. II₆

Interrogativ-Pronomina   Weitere Fragewörter   II₈

	quis? quid? *wer? was?*	**quī, quae, quod?** *welcher/welche(s)?*
	substantivisch	adjektivisch
N.	quis quid	quī quae quod
G.	cuius	cuius
D.	cui	cui
Akk.	quem quid	
Abl.	ā quō	*usw.*
	quōcum	*wie Relativ-Pron.*

quālis, -e?	*wie (beschaffen)?*
quantus, -a, -um?	*wie groß?*
cūr?	*warum? weshalb?*
quam?	*wie?*
quōmodo?	
quot?	*wie viele?*
ubī?	*wo?*

KOMPARATION DER ADJEKTIVE

III₁ Regelmäßige Komparation

Positiv	Komparativ		Superlativ	
longus, -a, -um	long**ior**	long**ius**	long**issim**us, -a, -um	*lang*
fortis, -e	fort**ior**	fort**ius**	fort**issim**us, -a, -um	*tapfer*
prūdēns (prūdent-is)	prūdent**ior**	prūdent**ius**	prūdent**issim**us, -a, -um	*klug*
asper	asper**ior**		asper**rim**us	*rau*
aspera	asper**ior**		asper**rim**a	
asperum		asper**ius**	asper**rim**um	
pulche r	pulchr**ior**		pulche**rrim**us	*schön*
pulchra	pulchr**ior**		pulche**rrim**a	
pulchrum		pulchr**ius**	pulche**rrim**um	
āce r	ācr**ior**		āce**rrim**us	*scharf*
ācris	ācr**ior**		āce**rrim**a	
ācre		ācr**ius**	āce**rrim**um	

III₂ Unregelmäßige Komparation

Positiv	Komparativ		Superlativ	
māgnus, -a, -um	mā**ior**	mā**ius**	mā**xim**us, -a, -um	*groß*
parvus, -a, -um	min**or**	min**us**	min**im**us, -a, -um	*klein*
bonus, -a, -um	mel**ior**	mel**ius**	opt**im**us, -a, -um	*gut*
malus, -a, -um	pē**ior**	pe**ius**	pess**im**us, -a, -um	*schlecht*
multī, -ae, -a	plūr**ēs**	plū**ra**	plū**rim**ī, -ae, -a	*viele*
multum	—	plū**s**	plū**rim**um	*viel*

ADVERB

IV Bildung und Komparation des Adverbs

Adjektiv	Positiv	Komparativ	Superlativ	
longus, -a, -um	long**ē**	long**ius**	long*issim*ē	*lang*
fortis, -e	fort**iter**	fort**ius**	fort*issim*ē	*tapfer*
prūdēns (prūdent-is)	prūdent**er**	prūdent**ius**	prūdent*issim*ē	*klug*
asper, aspera, asperum	asper**ē**	asper**ius**	asper*rim*ē	*rau*
pulche r, -chra, -chrum	pulchr**ē**	pulchr**ius**	pulche*rrim*ē	*schön*
celer, celeris, celere	celer**iter**	celer**ius**	celer*rim*ē	*schnell*
ācer, ācris, ācre	ācr**iter**	ācr**ius**	āce*rrim*ē	*scharf*
Merke besonders:				
bonus, -a, -um	ben**ě**	mel**ius**	opt*im*ē	*gut*
(māgnus, -a, -um)	vald**ē**	magis	mā*xim*ē	*sehr*
	saep**e**	saep**ius**	saep*issim*ē	*oft*
	diū	diut**ius**	diut*issim*ē	*lange*

KONJUGATIONEN

V₁

Präsens-Stamm Aktiv

		ā-Konjugation	ē-Konjugation	ī-Konjugation (langvokalisch)	ĭ-Konjugation (kurzvokalisch)	Konsonantische Konjugation
	Infinitiv	*rufen* vocā-re	*mahnen* monḗ-re	*fesseln* vincī́-re	*fangen* cápĕ-re	*treiben* péll-ĕ-re
Präsens	Indikativ *er ruft*	vócō vócā-s vóca-t vocā́-mus vocā́-tis vóca-nt	mónē-ō mónē-s móne-t monḗ-mus monḗ-tis móne-nt	víncī-ō víncī-s víncī-t vincī́-mus vincī́-tis víncī-*u*nt	cápī-ō cápī-s cápī-t cápī-mus cápī-tis cápī-*u*nt	péll-ō péll-*i*s péll-*i*t péll-*i*mus péll-*i*tis péll-*u*nt
	Konjunktiv *er rufe*	vóce-m vócē-s vóce-t vocḗ-mus vocḗ-tis vóce-nt	mónē-am mónē-ās mónē-at monḗ-āmus monḗ-ātis mónē-ant	víncī-am víncī-ās víncī-at vincī́-āmus vincī́-ātis víncī-ant	cápī-am cápī-ās cápī-at capī́-āmus capī́-ātis cápī-ant	péll-am péll-ās péll-at pell-ā́mus pell-ā́tis péll-ant
Imperfekt	Indikativ *er rief*	vocā́-bam vocā́-bās vocā́-bat vocā-bā́mus vocā-bā́tis vocā́-bant	monḗ-bam monḗ-bās monḗ-bat monē-bā́mus monē-bā́tis monḗ-bant	vincī-ḗbam vincī-ḗbās vincī-ḗbat vincī-ēbā́mus vincī-ēbā́tis vincī-ḗbant	capī-ḗbam capī-ḗbās capī-ḗbat capī-ēbā́mus capī-ēbā́tis capī-ḗbant	pell-ḗbam pell-ḗbās pell-ḗbat pell-ēbā́mus pell-ēbā́tis pell-ḗbant
	Konjunktiv *er riefe*	vocā́-rem vocā́-rēs vocā́-ret vocā-rḗmus vocā-rḗtis vocā́-rent	monḗ-rem monḗ-rēs monḗ-ret monē-rḗmus monē-rḗtis monḗ-rent	vincī́-rem vincī́-rēs vincī́-ret vincī-rḗmus vincī-rḗtis vincī́-rent	cápĕ-rem cápĕ-rēs cápĕ-ret capĕ-rḗmus capĕ-rḗtis cápĕ-rent	péll-*e*rem péll-*e*rēs péll-*e*ret pell-*e*rḗmus pell-*e*rḗtis péll-*e*rent
Futur I	*er wird rufen*	vocā́-bō vocā́-b*i*s vocā́-b*i*t vocā́-b*i*mus vocā́-b*i*tis vocā́-b*u*nt	monḗ-bō monḗ-b*i*s monḗ-b*i*t monē-b*i*mus monē-b*i*tis monḗ-b*u*nt	víncī-am víncī-ēs víncī-et vincī-ḗmus vincī-ḗtis víncī-ent	cápī-am cápī-ēs cápī-et capī-ḗmus capī-ḗtis cápī-ent	péll-am péll-ēs péll-et pell-ḗmus pell-ḗtis péll-ent
	Imperativ *rufe! ruft!*	vocā! vocā-te!	monḗ! monḗ-te!	vincī́! vincī́-te!	cápĕ! cápī-te!	péll-ĕ! péll-īte!

V₁ KONJUGATIONEN

Präsens-Stamm Passiv

		ā-Konjugation	ē-Konjugation	ī-Konjugation (langvokalisch)	ĭ-Konjugation (kurzvokalisch)	Konsonantische Konjugation
Präsens	Infinitiv	gerufen werden vocá-rī	gemahnt werden monḗ-rī	gefesselt werden vincī́-rī	gefangen werden capī	getrieben werden pell-ī
	Indikativ					
	er wird gerufen	vócor vocá-ris vocá-tur vocá-mur vocá-minī vocá-ntur	mónē-or monḗ-ris monḗ-tur monḗ-mur monḗ-minī monḗ-ntur	víncī-or vincī́-ris vincī́-tur vincī́-mur vincī́-minī vincī-úntur	cápī-or cápĕ-ris cápī-tur cápī-mur capī́-minī capī-úntur	péll-or péll-eris péll-itur péll-imur pell-íminī pell-úntur
	Konjunktiv					
	er werde gerufen	vócer vocḗ-ris vocḗ-tur vocḗ-mur vocḗ-minī vocḗ-ntur	mónē-ar monē-ā́ris monē-ā́tur monē-ā́mur monē-ā́minī monē-ā́ntur	víncī-ar vincī-ā́ris vincī-ā́tur vincī-ā́mur vincī-ā́minī vincī-ā́ntur	cápī-ar capī-ā́ris capī-ā́tur capī-ā́mur capī-ā́minī capī-ā́ntur	péll-ār pell-ā́ris pell-ā́tur pell-ā́mur pell-ā́minī pell-ā́ntur
Imperfekt	Indikativ					
	er wurde gerufen	vocā́-bar vocā-bā́ris vocā-bā́tur vocā-bā́mur vocā-bā́minī vocā-bā́ntur	monḗ-bar monē-bā́ris monē-bā́tur monē-bā́mur monē-bā́minī monē-bā́ntur	vincī-ḗbar vincī-ēbā́ris vincī-ēbā́tur vincī-ēbā́mur vincī-ēbā́minī vincī-ēbā́ntur	capī-ḗbar capī-ēbā́ris capī-ēbā́tur capī-ēbā́mur capī-ēbā́minī capī-ēbā́ntur	pell-ḗbar pell-ēbā́ris pell-ēbā́tur pell-ēbā́mur pell-ēbā́minī pell-ēbā́ntur
	Konjunktiv					
	er würde gerufen (werden)	vocā́-rer vocā-rḗris vocā-rḗtur vocā-rḗmur vocā-rḗminī vocā-rḗntur	monḗ-rer monē-rḗris monē-rḗtur monē-rḗmur monē-rḗminī monē-rḗntur	vincī-rer vincī-rḗris vincī-rḗtur vincī-rḗmur vincī-rḗminī vincī-rḗntur	cápĕ-rer capĕ-rḗris capĕ-rḗtur capĕ-rḗmur capĕ-rḗminī capĕ-rḗntur	péll-erer pell-erḗris pell-erḗtur pell-erḗmur pell-erḗminī pell-eréntur
Futur I		vocā́-bor vocā́-bĕris vocā-bítur vocā-bímur vocā-bíminī vocā-búntur	monḗ-bor monḗ-bĕris monḗ-bitur monḗ-bimur monē-bíminī monē-búntur	víncī-ar vincī-ḗris vincī-ḗtur vincī-ḗmur vincī-ḗminī vincī-ḗntur	cápī-ar capī-ḗris capī-ḗtur capī-ḗmur capī-ḗminī capī-ḗntur	péll-ār pell-ḗris pell-ḗtur pell-ḗmur pell-ḗminī pell-ḗntur
	er wird gerufen werden					

KONJUGATIONEN

Perfekt-Stamm Aktiv

	AKTIV	v-Perfekt	u-Perfekt	s-Perfekt	Dehnung	Reduplikation
Perfekt	Infinitiv	gerufen zu haben vocāv-ísse	gemahnt zu haben monu-ísse	gefesselt zu haben vinx-ísse	gefangen zu haben cēp-ísse	getrieben zu haben pepul-ísse
	Indikativ					
	er hat gerufen	vocā́v-ī vocāv-ístī vocā́v-it vocā́v-imus vocāv-ístis vocāv-ḗrunt	mónu-ī monu-ístī mónu-it monú-imus monu-ístis monu-ḗrunt	vínx-ī vinx-ístī vínx-it vínx-imus vinx-ístis vinx-ḗrunt	cḗp-ī cēp-ístī cḗp-it cḗp-imus cēp-ístis cēp-ḗrunt	pépul-ī pepul-ístī pépul-it pepúl-imus pepul-ístis pepul-ḗrunt
	Konjunktiv					
	er habe gerufen	vocā́v-erim vocā́v-eris vocā́v-erit vocāv-érimus vocāv-éritis vocā́v-erint	monú-erim monú-eris monú-erit monu-érimus monu-éritis monú-erint	vínx-erim vínx-eris vínx-erit vinx-érimus vinx-éritis vínx-erint	cḗp-erim cḗp-eris cḗp-erit cēp-érimus cēp-éritis cḗp-erint	pepúl-erim pepúl-eris pepúl-erit pepul-érimus pepul-éritis pepúl-erint
Plusquamperfekt	**Indikativ**					
	er hatte gerufen	vocā́v-eram vocā́v-erās vocā́v-erat vocāv-erā́mus vocāv-erā́tis vocā́v-erant	monú-eram monú-erās monú-erat monu-erā́mus monu-erā́tis monú-erant	vínx-eram vínx-erās vínx-erat vinx-erā́mus vinx-erā́tis vínx-erant	cḗp-eram cḗp-erās cḗp-erat cēp-erā́mus cēp-erā́tis cḗp-erant	pepúl-eram pepúl-erās pepúl-erat pepul-erā́mus pepul-erā́tis pepúl-erant
	Konjunktiv					
	er hätte gerufen	vocāv-íssem vocāv-íssēs vocāv-ísset vocāv-issḗmus vocāv-issḗtis vocāv-íssent	monu-íssem monu-íssēs monu-ísset monu-issḗmus monu-issḗtis monu-íssent	vinx-íssem vinx-íssēs vinx-ísset vinx-issḗmus vinx-issḗtis vinx-íssent	cēp-íssem cēp-íssēs cēp-ísset cēp-issḗmus cēp-issḗtis cēp-íssent	pepul-íssem pepul-íssēs pepul-ísset pepul-issḗmus pepul-issḗtis pepul-íssent
Futur II	er wird gerufen haben	vocā́v-erō vocā́v-eris vocā́v-erit vocāv-érimus vocā́v-éritis vocā́v-erint	monú-erō monú-eris monú-erit monu-érimus monu-éritis monú-erint	vínx-erō vínx-eris vínx-erit vinx-érimus vinx-éritis vínx-erint	cḗp-erō cḗp-eris cḗp-erit cēp-érimus cēp-éritis cḗp-erint	pepúl-erō pepúl-eris pepúl-erit pepul-érimus pepul-éritis pepúl-erint

Nominalformen des Verbs

Infinitiv		ā-Konjugation	ē-Konjugation	ī-Konjugation	ĭ-Konjugation	Kons. Konjug.
AKTIV	Präsens Perfekt Futur	vocā́-re vocāv-isse vocātūrum, -am, -um esse	monḗ-re monu-isse monitūrum, -am, -um esse	vincī́-re vinx-isse vinctūrum, -am, -um esse	cáp-ĕ-re cēp-isse captūrum -am, -um esse	péll-ĕ-re pepul-isse pulsūrum, -am, -um esse
PASSIV	Präsens Perfekt Futur	vocā́-rī vocātum, -am, -um esse vocā́tum īrī	monḗ-ri món/tum, -am, -um esse món/tum īrī	vincī́-rī vínctum, -am, -um esse vínctum īrī	cáp-ī cáptum, -am, -um esse cáptum īrī	péll-ī púlsum, -am, -um esse púlsum īrī

V₂

KONJUGATIONEN
Perfekt-Stamm Passiv

PASSIV		ā-Konjugation	ē-Konjugation	ī-Konjugation (langvokalisch)	ĭ-Konjugation (kurzvokalisch)	Konsonantische Konjugation
	Infinitiv	gerufen worden zu sein vocātum, -am, -um esse	gemahnt worden zu sein monitum, -am, -um esse	gefesselt worden zu sein vinctum, -am, -um esse	gefangen worden zu sein captum, -am, -um esse	getrieben worden zu sein pulsum, -am, -um esse
Perfekt	Indikativ	vocātus, -a, -um } sum / es / est vocātī, -ae, -a } sumus / estis / sunt	monitus, -a, -um } sum / es / est monitī, -ae, -a } sumus / estis / sunt	vinctus, -a, -um } sum / es / est vinctī, -ae, -a } sumus / estis / sunt	captus, -a, -um } sum / es / est captī, -ae, -a } sumus / estis / sunt	pulsus, -a, -um } sum / es / est pulsī, -ae, -a } sumus / estis / sunt
	Konjunktiv	vocātus, -a, -um } sim / sīs / sit vocātī, -ae, -a } sīmus / sītis / sint	monitus, -a, -um } sim / sīs / sit monitī, -ae, -a } sīmus / sītis / sint	vinctus, -a, -um } sim / sīs / sit vinctī, -ae, -a } sīmus / sītis / sint	captus, -a, -um } sim / sīs / sit captī, -ae, -a } sīmus / sītis / sint	pulsus, -a, -um } sim / sīs / sit pulsī, -ae, -a } sīmus / sītis / sint
Plusquamperfekt	Indikativ	vocātus, -a, -um } eram / erās / erat vocātī, -ae, -a } erāmus / erātis / erant	monitus, -a, -um } eram / erās / erat monitī, -ae, -a } erāmus / erātis / erant	vinctus, -a, -um } eram / erās / erat vinctī, -ae, -a } erāmus / erātis / erant	captus, -a, -um } eram / erās / erat captī, -ae, -a } erāmus / erātis / erant	pulsus, -a, -um } eram / erās / erat pulsī, -ae, -a } erāmus / erātis / erant
	Konjunktiv	vocātus, -a, -um } essem / essēs / esset vocātī, -ae, -a } essēmus / essētis / essent	monitus, -a, -um } essem / essēs / esset monitī, -ae, -a } essēmus / essētis / essent	vinctus, -a, -um } essem / essēs / esset vinctī, -ae, -a } essēmus / essētis / essent	captus, -a, -um } essem / essēs / esset captī, -ae, -a } essēmus / essētis / essent	pulsus, -a, -um } essem / essēs / esset pulsī, -ae, -a } essēmu / essētis / essent
Futur II		vocātus, -a, -um } erō / eris / erit vocātī, -ae, -a } erimus / eritis / erunt	monitus, -a, -um } erō / eris / erit monitī, -ae, -a } erimus / eritis / erunt	vinctus, -a, -um } erō / eris / erit vinctī, -ae, -a } erimus / eritis / erunt	captus, -a, -um } erō / eris / erit captī, -ae, -a } erimus / eritis / erunt	pulsus, -a, -um } erō / eris / erit pulsī, -ae, -a } erimus / eritis / erunt

V₃

Nominalformen des Verbs

ā-Konjugation	ē-Konjugation	ī-Konjugation	ĭ-Konjugation	Kons. Konjug.	Partizip	
vocā-**ns**, **-ntis** vocā-**tūrus**, -tūra, -tūrum	monē-**ns**, **-ntis** moni-**tūrus**, -tūra, -tūrum	vinci-ē-**ns**, **-ntis** vinc-**tūrus**, -tūra, -tūrum	capi-ē-**ns** cap-**tūrus** -tūra, -tūrum	pell-ē-**ns**, **-ntis** **pul-sūrus**, -sūra, -sūrum	Präsens	AKTIV
					Futur	AKTIV
vocā-**tus**, -ta, -tum	móni-**tus**, -ta, -tum	vinc-**tus**, -ta, -tum	cap-**tus** -ta, -tum	**pul-sus**, -sa, -sum	Perfekt	PASSIV

STAMMFORMEN ALLER VERBEN   VI₁

ā-Konjugation

Perfekt-Bildung mit -v-

1.	vocō	vocāvī	vocātum	vocāre	rufen, nennen
	con|vocō	convocāvī	convocātum	convocāre	zusammenrufen, versammeln

Ebenso bilden folgende Verben ihre Stammformen:

2.	abundāre	Überfluß haben
3.	accūsāre	anklagen, beschuldigen
4.	administrāre	leiten, verwalten
5.	aedificāre	bauen, errichten
6.	aequāre	gleichmachen, erreichen
7.	aestimāre	schätzen, beurteilen
	exīstimāre	schätzen, urteilen, meinen
8.	agitāre	jagen, hetzen, betreiben
9.	amāre	lieben
10.	appellāre	nennen, benennen
11.	appropinquāre	sich nähern
12.	armāre	ausrüsten, bewaffnen
13.	cantāre	singen
14.	captāre	zu fangen suchen, jagen, fangen
15.	certāre	kämpfen, wetteifern
16.	clāmāre	schreien, (laut) rufen
	exclāmāre	ausrufen
17.	cōgitāre	denken, beabsichtigen
18.	cōnsīderāre	betrachten, erwägen, bedenken
19.	creāre	hervorbringen, erschaffen, wählen
	recreāre	wiederbeleben, erfrischen
20.	cūrāre	sorgen, sich kümmern, pflegen
21.	damnāre	verurteilen
	condemnāre	verurteilen
22.	dēlectāre	erfreuen
23.	dēlīberāre	abwägen, erwägen, überlegen
24.	dēsīderāre	ersehnen, vermissen
25.	dīmicāre	kämpfen, fechten
26.	disputāre	erörtern, diskutieren
27.	dōnāre	schenken, beschenken
28.	dubitāre	zögern, zweifeln
29.	ēnumerāre	aufzählen, ausrechnen
30.	errāre	irren, sich irren
31.	explicāre	erklären
32.	exsultāre	jauchzen, jubeln, in die Höhe springen
33.	festīnāre	eilen, sich beeilen
34.	firmāre	stärken, befestigen, sichern
	cōnfirmāre	stärken, bekräftigen
35.	fugāre	verjagen, vertreiben
36.	habitāre	wohnen, bewohnen
37.	iactāre	werfen, schleudern
38.	īgnōrāre	nicht wissen, nicht kennen
39.	immolāre	opfern
40.	imperāre	befehlen, gebieten, herrschen
41.	impetrāre	durchsetzen, (durch Bitten) erreichen
42.	implōrāre	anflehen
43.	incitāre	antreiben, reizen
44.	indicāre	anzeigen, verraten
45.	intrāre	eintreten, betreten
46.	invītāre	einladen
47.	iūdicāre	richten, urteilen, beurteilen
48.	labōrāre	arbeiten, sich anstrengen; leiden
49.	lacerāre	zerreißen, zerfleischen
50.	laudāre	loben, preisen, gutheißen
51.	līberāre	befreien
52.	mandāre	anvertrauen, übergeben, auftragen
53.	migrāre	wandern
54.	mōnstrāre	zeigen
	dēmōnstrāre	zeigen, beweisen, nachweisen
55.	mūtāre	ändern, tauschen, wechseln
56.	narrāre	erzählen, berichten
57.	natāre	schwimmen
58.	nāvigāre	segeln, (zur See) fahren
59.	necāre	töten
60.	negāre	verneinen, leugnen; verweigern
61.	nōmināre	nennen, benennen
62.	notāre	kennzeichnen; tadeln
63.	nūntiāre	melden, mitteilen
64.	occupāre	besetzen
65.	onerāre	belasten, beladen
66.	ōrāre	bitten, beten
67.	ōrnāre	schmücken, ausstatten
68.	parāre	bereiten, vorbereiten; sich anschicken
	comparāre	beschaffen, erwerben; vergleichen
	praeparāre	vorbereiten
69.	peccāre	verkehrt machen, sündigen
70.	perturbāre	(völlig) verwirren, beunruhigen
71.	placāre	beruhigen, beschwichtigen; versöhnen
72.	portāre	tragen, bringen
	exportāre	ausführen
	importāre	einführen
	trānsportāre	hinüberschaffen, herüberbringen

73.	postulāre	fordern, verlangen		91.	spērāre	hoffen, erhoffen
74.	praecipitāre	(sich) hinabstürzen			dēspērāre	die Hoffnung aufgeben, verzweifeln
75.	praedicāre	rühmen, öffentlich bekannt machen		92.	spoliāre	berauben, plündern
76.	probāre	prüfen, gutheißen, billigen		93.	superāre	übertreffen, besiegen, überwinden
77.	properāre	eilen, sich beeilen				
78.	pūgnāre	kämpfen		94.	supplicāre	(kniefällig) bitten, flehen
	expūgnāre	erstürmen, erobern		95.	temptāre	angreifen
	oppūgnāre	bestürmen, belagern		96.	tolerāre	ertragen, aushalten, erdulden
79.	putāre	glauben, meinen		97.	trepidāre	sich ängstigen
	reputāre	überlegen, bedenken		98.	vacāre	frei sein, nicht haben
80.	recūsāre	ablehnen, sich weigern		99.	vāstāre	verwüsten, verheeren
81.	rēgnāre	König sein, herrschen		100.	velāre	verhüllen
82.	rogāre	fragen, bitten		101.	vexāre	quälen, beunruhigen
83.	saltāre	springen, tanzen		102.	vindicāre	beanspruchen; befreien; bestrafen
84.	salūtāre	grüßen, begrüßen				
85.	sēdāre	beruhigen, stillen		103.	violāre	verletzen, kränken
86.	servāre	retten, bewahren		104.	vīsitāre	besuchen
	observāre	beobachten, einhalten		105.	vītāre	meiden, vermeiden
87.	sīgnāre	bezeichnen, versiegeln		106.	vituperāre	tadeln
88.	sīgnificāre	bezeichnen, bedeuten		107.	volāre	fliegen, eilen
89.	simulāre	vortäuschen, heucheln		108.	vulnerāre	verwunden, verletzen
90.	spectāre	schauen, betrachten				
	exspectāre	warten, erwarten				

Perfekt-Bildung mit -u-

109.	crepō	crepuī	crepitum	crepāre	knarren, krachen
110.	domō	domuī	domitum	domāre	zähmen, bezwingen
111.	sonō	sonuī	–	sonāre	tönen, erklingen
112.	vetō	vetuī	vetitum	vetāre (m. Akk.)	verbieten

Perfekt-Bildung durch Dehnung

113.	iŭvō	iūvī	iūtum	iuvāre (m. Akk.)	erfreuen, unterstützen
	ád|iuvō	adiūvī	adiūtum	adiuvāre (m. Akk.)	unterstützen, helfen

Perfekt-Bildung durch Reduplikation

114.	dō	dedī	datum	dare	geben
	circúm|dō	circúmdedī	circúmdatum	circúmdare	umgeben
115.	stō	stetī	stātūrus	stāre	stehen
	cōn|stō	cōnstitī	cōnstātūrus	cōnstāre	kosten

Impersonalia

116.	iuvat	iūvit	–	iuvāre	*es* erfreut, *es* macht Freude
117.	cōnstat	constitit	–	constāre	*es* steht fest, *es* ist bekannt
118.	praestat	praestitit	–	praestāre	*es* ist besser

ē-Konjugation — VI₂

Perfekt-Bildung mit -v-

1.	dēleō	dēlēvī	dēlētum	dēlēre	zerstören, vernichten
2.	fleō	flēvī	flētum	flēre	weinen, beklagen
3.	ex|pleō	explēvī	explētum	explēre	ausfüllen, erfüllen
	im|pleō	implēvī	implētum	implēre	füllen, anfüllen

Perfekt-Bildung mit -u-

PPP auf -itum

4.	**arceō**	arcuī	–	arcēre	abhalten, fern halten, abwehren
	co|erceō	coercuī	coercitum	coercēre	in Schranken halten, zügeln
	ex|erceō	exercuī	–	exercēre	üben; betreiben; quälen
5.	careō	caruī	caritūrus	carēre (m. Abl.)	entbehren, nicht haben
6.	doleō	doluī	dolitūrus	dolēre (m. Akk.)	Schmerz empfinden (über), bedauern
7.	egeō	eguī	–	egēre (m. Abl.)	bedürfen, nötig haben
8.	**habeō**	habuī	habitum	habēre	haben, halten, besitzen
	ad|hibeō	adhibuī	adhibitum	adhibēre	anwenden, heranziehen
	pro|hibeō	prohibuī	prohibitum	prohibēre	abhalten, hindern
	dēbeō	dēbuī	dēbitum	dēbēre	müssen, schulden, verdanken
	praebeō	praebuī	praebitum	praebēre	gewähren; zeigen
9.	horreō	horruī	–	horrēre (m. Akk.)	schaudern (vor); sich entsetzen (vor)
10.	iaceō	iacuī	–	iacēre	liegen, daliegen
11.	mereō	meruī	meritum	merēre	verdienen
12.	lateō	latuī	–	latēre	verborgen sein
13.	im|mineō	–	–	imminēre	drohen, bevorstehen
14.	**moneō**	monuī	monitum	monēre	mahnen, auffordern; erinnern
	ad|moneō	admonuī	admonitum	admonēre	erinnern, ermahnen
15.	noceō	nocuī	nocitum	nocēre	schaden
16.	**pāreō**	pāruī	–	pārēre	gehorchen
	ap|pāreō	appāruī	appāritūrus	appārēre	erscheinen, sich zeigen
17.	pateō	patuī	–	patēre	offen stehen
18.	placeō	placuī	placitum	placēre	gefallen
19.	studeō	studuī	–	studēre (m. Dat.)	sich bemühen (um)
20.	stupeō	stupuī	–	stupēre (m. Akk.)	staunen (über), verblüfft sein
21.	taceō	tacuī	–	tacēre	schweigen

22.	terreō	terruī	territum	terrēre	erschrecken (*trans.*)
23.	timeō	timuī	–	timēre	(sich) fürchten
24.	valeō	valuī	valitūrus	valēre	gesund sein, Einfluss haben, gelten

PPP mit Besonderheiten

25.	doceō	docuī	doctum	docēre (*m. Akk.*)	lehren, unterrichten
26.	**teneō**	tenuī	–	tenēre	halten; festhalten
	abs|tineō	abstinuī	–	abstinēre (*m. Abl.*)	verzichten (*auf*), sich (*einer Sache*) enthalten
	con|tineō	continuī	–	continēre	zusammenhalten, festhalten; enthalten
	ob|tineō	obtinuī	obtentum	obtinēre	festhalten; innehaben, behaupten
	per|tineō	pertinuī	–	pertinēre	betreffen, sich erstrecken
	re|tineō	retinuī	retentum	retinēre	zurückhalten, festhalten
	sus|tineō	sustinuī	–	sustinēre	aushalten, ertragen
27.	misceō	miscuī	mixtum	miscēre	mischen, verwirren
28.	cēnseō	cēnsuī	cēnsum	cēnsēre	schätzen, meinen
	sus|cēnseō	suscēnsuī	–	suscēnsēre	zürnen

Impersonalia

29.	ap|pāret	appāruit	–	appārēre	*es* ist offensichtlich, *es* ist klar
30.	licet	licuit	–	licēre	*es* ist erlaubt, *es* steht frei
31.	oportet	oportuit	–	oportēre	*es* ist nötig, *es* gehört sich
32.	paenitet	paenituit	–	paenitēre (*m. Gen.*)	*es* reut, *es* befriedigt nicht
33.	pudet	puduit	–	pudēre (*m. Gen.*)	*es* beschämt

Perfekt-Bildung mit -s-

K-Stock:

34.	lūceō	lūxī	–	lūcēre	leuchten, strahlen
35.	augeō	auxī	auctum	augēre	vergrößern, vermehren, fördern
36.	fulgeō	fulsī	–	fulgēre	blitzen, strahlen
37.	indulgeō	indulsī	indultum	indulgēre	nachgeben
38.	torqueō	torsī	tortum	torquēre	drehen, foltern
39.	urgeō	ursī	–	urgēre	drängen, bedrängen

T-Stock:

40.	ārdeō	ārsī	ārsūrus	ārdēre	brennen, glühen
41.	iubeō	iussī	iussum	iubēre (*m. Akk.*)	befehlen, anordnen; lassen
42.	**rīdeō**	rīsī	rīsum	rīdēre	lachen
	ir|rīdeō	irrīsī	irrīsum	irrīdēre	verlachen, verspotten
43.	**suādeō**	suāsī	suāsum	suādēre	raten, zureden
	per|suādeō	persuāsī	persuāsum	persuādēre (*m. Dat.*)	überreden, überzeugen

Sonderbildungen:

44.	maneō	mānsī	mānsūrus	manēre	bleiben, fortbestehen; erwarten
45.	haereō	haesī	haesūrus	haerēre	hängen, stecken bleiben

Perfekt-Bildung durch Dehnung

V-Stock:

46.	caveō	cāvī	cautum	cavēre (*m. Akk.*)	sich in Acht nehmen (*vor*), sich hüten (*vor*)
47.	faveō	fāvī	fautum	favēre	gewogen sein, begünstigen
48.	**moveō**	mōvī	mōtum	movēre	bewegen, beeinflussen
	ad|moveō	admōvī	admōtum	admovēre	heranrücken lassen
	re|moveō	remōvī	remōtum	removēre	entfernen, wegschaffen
	per|moveō	permōvī	permōtum	permovēre	heftig bewegen
49.	voveō	vōvī	vōtum	vovēre	geloben, (feierlich) versprechen

T-Stock:

50.	**sedeō**	sēdī	sessum	sedēre	sitzen
	ob|sideō	obsēdī	obsessum	obsidēre	belagern, besetzt halten
	pos|sideō	possēdī	possessum	possidēre	besitzen
51.	**videō**	vīdī	vīsum	vidēre	sehen, erblicken
	in|videō	invīdī	invīsum	invidēre (*m. Dat.*)	beneiden
	videor	vīsus sum		vidērī (*m. NcI*)	scheinen; erscheinen (*als*), gelten (*als*)

Perfekt-Bildung durch Reduplikation

T-Stock:

52.	**pendeō**	pependī	–	pendēre	herabhängen, hängen
53.	(**spondeō**	spopondī	spōnsum	spondēre	geloben)
	re|spondeō	respondī	respōnsum	respondēre	antworten, erwidern

VI₃ ī-Konjugation (langvokalisch)

Perfekt-Bildung mit -v-

1.	**audiō**	audīvī	audītum	audīre	hören
2.	**sciō**	scīvī	scītum	scīre	wissen, verstehen
	nesciō	nescīvī	nescītum	nescīre	nicht wissen, nicht verstehen

Ebenso bilden folgende Verben der ī-Konjugation ihre Stammformen:

3.		custōdīre	bewachen, behüten
4.		fīnīre	begrenzen, beenden
5.		pūnīre	bestrafen, rächen
6.		sepelīre	begraben, bestatten
7.		servīre	Sklave sein, dienen

Perfekt-Bildung mit -u-

8.	**aperiō**	aperuī	apertum	aperīre	öffnen, aufdecken
	operiō	operuī	opertum	operīre	zudecken, verbergen
9.	saliō	saluī	–	salīre	springen, hüpfen

Perfekt-Bildung mit -s-

K-Stock:

10.	vinciō	vīnxī	vīnctum	vincīre	binden, fesseln

T-Stock:

11.	**sentiō**	sēnsī	sēnsum	sentīre	fühlen, merken; meinen
	cōn|sentiō	cōnsēnsī	cōnsēnsum	cōnsentīre	übereinstimmen

Sonderbildungen:

12.	hauriō	hausī	haustum	haurīre	schöpfen, leeren, trinken

Perfekt-Bildung durch Dehnung

13.	**vĕniō**	vēnī	ventum	venīre	kommen
	ad|veniō	advēnī	adventum	advenīre	ankommen, herankommen
	circum|veniō	circumvēnī	circumventum	circumvenīre	umringen, umzingeln
	con|veniō	convēnī	conventum	convenīre	zusammenkommen; zustande kommen
	in|veniō	invēnī	inventum	invenīre	finden, erfinden
	sub|veniō	subvēnī	subventum	subvenīre	zu Hilfe kommen, abhelfen
	ḗ|venit	ēvēnit	–	ēvenīre	*es* ereignet sich

Perfekt-Bildung durch Reduplikation

14.	com|periō	cómperī	compertum	comperīre	erfahren, in Erfahrung bringen
	re|periō	répperī	repertum	reperīre	(wieder)finden

Konsonantische Konjugation VI₄

Perfekt-Bildung mit -v-

1.	arcessō	arcessīvī	arcessītum	arcessere	herbeiholen, kommen lassen
2.	capessō	capessīvī	capessītum	capessere	ergreifen, packen
3.	lacessō	lacessīvī	lacessītum	lacessere	reizen, herausfordern
4.	**petō**	petīvī	petītum	petere	zu erreichen suchen; verlangen, bitten
	ré|petō	repetīvī	repetītum	repetere	zurückverlangen; wiederholen
5.	**quaerō**	quaesīvī	quaesītum	quaerere	suchen; fragen (*nach*)
	conquīrō	conquīsīvī	conquīsītum	conquīrere	zusammensuchen, aufspüren
	in|quīrō	inquīsīvī	inquīsītum	inquīrere	untersuchen, nachforschen
	re|quīrō	requīsīvī	requīsītum	requīrere	aufsuchen, fragen verlangen
6.	serō	sēvī	satum	serere	säen

Präsenserweiterung mit -n-:

7.	**cernō**	–	–	cernere	sehen, wahrnehmen, erkennen
	dis|cernō	discrēvī	discrētum	discernere	unterscheiden; trennen
8.	spernō	sprēvī	sprētum	spernere	verschmähen, ablehnen
9.	**sinō**	sīvī	situm	sinere	lassen, zulassen
	dé|sinō	dēsiī	dēsitum	dēsinere	ablassen, aufhören
10.	**sternō**	strāvī	strātum	sternere	hinbreiten
	prō|sternō	prōstrāvī	prōstrātum	prōsternere	hinstrecken

Präsenserweiterung mit -sc-:

11.	crēscō	crēvī	–	crēscere	wachsen, zunehmen
12.	(**nōscō**	nōvī	nōtum	nōscere	kennenlernen)

	co|gnōscō	cógnōvī	cógnitum	cognōscere	erkennen, bemerken
	ī|gnōscō	īgnōvī	īgnōtum	īgnōscere	verzeihen
13.	quiēscō	quiēvī	quiētūrus	quiēscere	sich ruhig verhalten, ruhen
14.	cōn|**suēscō**	cōnsuēvī	–	cōnsuēscere	sich gewöhnen

Perfekt-Bildung mit -u-

15.	**colō**	cóluī	cultum	colere	bebauen, pflegen; verehren
16.	cón|sulō	cōnsúluī	cōnsultum	cōnsulere (*m. Akk.*)	um Rat fragen;
				(*m. Dat.*)	sorgen (*für*)
17.	(**serō**)	séruī	sertum	serere	aneinander reihen)
	dé|serō	dēséruī	dēsertum	dēserere	verlassen, im Stich lassen
	dís|serō	disséruī	dissertum	disserere (*dē*)	erörtern, sprechen (*über*)

Präsenserweiterung mit -n-/-m-:

18.	**pōnō**	pósuī	pósitum	pōnere	setzen, stellen, legen
	com|pōnō	compósuī	compósitum	compōnere	zusammenstellen, verfassen; vergleichen; beilegen
	ex|pōnō	expósuī	expósitum	expōnere	ausstellen, aussetzen; darlegen
	im|pōnō	impósuī	impósitum	impōnere	hineinsetzen; auferlegen
	prō|pōnō	prōpósuī	prōpósitum	prōpōnere	vorlegen, vorschlagen; in Aussicht stellen

Perfekt-Bildung mit -s-

P-Stock:

19.	**scrībō**	scrīpsī	scrīptum	scrībere	schreiben, verfassen
20.	carpō	carpsī	carptum	carpere	pflücken

Sonderbildungen:

21.	**sūmō**	sūmpsī	sūmptum	sūmere	nehmen, aussuchen
	cōn|sūmō	cōnsūmpsī	cōnsūmptum	cōnsūmere	verbrauchen, verschwenden
	dēmō	dēmpsī	dēmptum	dēmere	wegnehmen
22.	con|temnō	contempsī	contemptum	contemnere	verachten, gering schätzen

K-Stock:

23.	**dīcō**	dīxī	dictum	dīcere	sagen, sprechen; nennen
	in|dīcō	indīxī	indictum	indīcere	ankündigen
24.	**dūcō**	dūxī	ductum	dūcere	führen, ziehen;
				(*m. dopp. Akk.*)	halten (*für*)
	ab|dūcō	abdūxī	abductum	abdūcere	wegführen, abführen
	ad|dūcō	addūxī	adductum	addūcere	heranführen; veranlassen
	dē|dūcō	dēdūxī	dēductum	dēdūcere	wegführen; ableiten
	in|dūcō	indūxī	inductum	indūcere	einführen; hineinleiten; veranlassen
25.	af|**flīgō**	afflīxī	afflīctum	afflīgere	niederschlagen; entmutigen
26.	dí|**ligō**	dīlēxī	dīlēctum	dīligere	lieben, schätzen
	intél|legō	intellēxī	intellēctum	intellegere	erkennen, einsehen, verstehen
	nég|legō	neglēxī	neglēctum	neglegere	vernachlässigen, übersehen
27.	**regō**	rēxī	rēctum	regere	lenken, leiten, beherrschen
	é|rigō	ērēxī	ērēctum	ērigere	aufrichten, ermutigen
	pergō	perrēxī	perrēctūrus	pergere	fortsetzen, weitermachen
	surgō	surrēxī	surrēctūrus	surgere	aufstehen, sich erheben
28.	(**tegō**	tēxī	tēctum	tegere	bedecken, schützen)
	dé|tegō	dētēxī	dētēctum	dētegere	entdecken, aufdecken
	prō|tegō	prōtēxī	prōtēctum	prōtegere	schützen, beschützen
29.	**trahō**	trāxī	tractum	trahere	ziehen, schleppen
	cón|trahō	contrāxī	contractum	contrahere	zusammenziehen
30.	**vehō**	vēxī	vectum	vehere	schleppen, fahren (*trans.*)
	vehor	vectus sum		vehī	fahren (*intrans.*)
31.	cingō	cīnxī	cīnctum	cingere	umgürten, umgeben; umzingeln
32.	**iungō**	iūnxī	iūnctum	iungere	verbinden, vereinigen
33.	**fingō**	fīnxī	fictum	fingere	formen, bilden, erdichten
34.	mergō	mersī	mersum	mergere	eintauchen, versenken
35.	**fīgō**	fīxī	fīxum	fīgere	heften, befestigen
	af|fīgō	affīxī	affīxum	affīgere	anheften, festmachen
36.	flectō	flexī	flexum	flectere	biegen, beugen
37.	nectō	nexī	nexum	nectere	knüpfen, zusammenbinden

Sonderbildungen:

38.	fluō	flūxī	–	fluere	fließen, strömen
39.	**struō**	strūxī	strūctum	struere	schichten, bauen, errichten
	éx|struō	exstrūxī	exstrūctum	exstruere	aufschichten, errichten
40.	vīvō	vīxī	vīctūrus	vīvere	leben

T-Stock:

41.	**claudō**	clausī	clausum	claudere	schließen, absperren
	con|clūdō	conclūsī	conclūsum	conclūdere	einschließen; folgern
	in|clūdō	inclūsī	inclūsum	inclūdere	einschließen, einsperren
42.	(**lūdō**	lūsī	lūsum	lūdere	spielen, scherzen)
	il|lūdō	illūsī	illūsum	illūdere	verspotten
43.	plaudō	plausī	plausum	plaudere	(Beifall) klatschen
44.	**vādō**	–	–	vādere	gehen, schreiten
	ē|vādō	ēvāsī	ēvāsūrus	ēvādere	herausgehen, entrinnen
	in|vādō	invāsī	invāsūrus	invādere	eindringen, angreifen; befallen
45.	**cēdō**	cessī	cessūrus	cēdere	gehen, weichen; nachgeben
	ac|cēdō	accessī	accessum	accēdere	heranrücken, dazukommen
	con|cēdō	concessī	concessum	concēdere	gestatten, einräumen
	dē|cēdō	dēcessī	dēcessum	dēcēdere	weggehen; sterben
	dis|cēdō	discessī	discessum	discēdere	auseinander gehen, weggehen
	in|cēdō	incessī	incessum	incēdere	einhergehen, befallen
	prō|cēdō	prōcessī	prōcessum	prōcēdere	vorwärtsgehen, vorrücken
	re|cēdō	recessī	recessum	recēdere	zurückweichen, sich zurückziehen
	sē|cēdō	sēcessī	sēcessum	sēcēdere	weggehen, beiseite gehen
46.	**mittō**	mīsī	missum	mittere	schicken, gehen lassen
	ā|mittō	āmīsī	āmissum	āmittere	aufgeben; verlieren
	com|mittō	commīsī	commissum	committere	zustande bringen, anvertrauen
	dē|mittō	dēmīsī	dēmissum	dēmittere	herablassen, senken
	dī|mittō	dīmīsī	dīmissum	dīmittere	entlassen, aufgeben; erlassen
	o|mittō	omīsī	omissum	omittere	unterlassen, aufgeben
	prae|mittō	praemīsī	praemissum	praemittere	vorausschicken
	praeter|mittō	praetermīsī	praetermissum	praetermittere	vorübergehen lassen, übergehen
	prō|mittō	prōmīsī	prōmissum	prōmittere	versprechen; in Aussicht stellen
	re|mittō	remīsī	remissum	remittere	zurückschicken, nachlassen

Sonderbildungen:

47.	gerō	gessī	gestum	gerere	tragen; verrichten
48.	**premō**	pressī	pressum	premere	drücken, bedrängen
	óp|primō	oppressī	oppressum	opprimere	unterdrücken; überraschen, überfallen

Perfekt-Bildung durch Dehnung

49.	**ăgō**	ēgī	āctum	ăgere	treiben, vertreiben; verhandeln
	cōgō	co|ēgī	coāctum	cōgere	sammeln, zwingen
	dēgō	dēgī	–	dēgere	verbringen
	súb|igō	subēgī	subāctum	subigere	unterwerfen
50.	**ēmō**	ēmī	ēmptum	ēmere	nehmen; kaufen
	ád|imō	adēmī	adēmptum	adimere	an sich nehmen, wegnehmen
51.	**lĕgō**	lēgī	lēctum	lĕgere	lesen, sammeln; auswählen
52.	cōn|sīdō	cōnsēdī	–	cōnsīdere	sich setzen, sich niederlassen

Präsenserweiterung mit -n

53.	frangō	frēgī	frāctum	frangere	brechen, verletzen, schwächen
54.	re|linquō	relīquī	relictum	relinquere	zurücklassen, hinterlassen, verlassen
55.	**vincō**	vīcī	victum	vincere	siegen, besiegen
	con|vincō	convīcī	convictum	convincere (m. Gen.)	überführen (*eines Verbrechens*); widerlegen

Perfekt-Bildung durch Reduplikation

56.	**cadō**	cécidī	cāsūrus	cadere	fallen
	cón|cidō	cóncidī	concāsūrus	concidere	zusammenbrechen, einstürzen
	ín|cidō	íncidī	incāsūrus	incidere	hineinfallen, geraten (*in*)
	óc|cidō	óccidī	occāsūrus	occidere	untergehen, umkommen
	ác|cidit	áccidit	–	accidere	*es ereignet sich, es stößt zu*
57.	**caedō**	cecídī	caesum	caedere	fällen, niederhauen; schlagen
	oc|cídō	occídī	occīsum	occīdere	niederschlagen, töten
58.	fallō	fefellī	–	fallere	täuschen
	fallit	fefellit	–	fallere (m. Akk.)	*es entgeht*
59.	parcō	pepercī	parsūrus	parcere (m. Dat.)	schonen, sparen
60.	(**dō**	dedī	datum	dare	geben)
	ab|dō	ábdidī	ábditum	abdere	verbergen
	con|dō	cóndidī	cónditum	condere	gründen; verwahren; bestatten
	dē|dō	dédidī	déditum	dēdere	hingeben, ausliefern, widmen

	ē|dō	édidī	éditum	ēdere	herausgeben; hervorbringen
	per|dō	pérdidī	pérditum	perdere	verderben, zugrunde richten; verlieren
	prō|dō	pródidī	próditum	prōdere	preisgeben, verraten; überliefern
	red|dō	réddidī	rédditum	reddere	zurückgeben; (*m. dopp. Akk.*) machen (*zu*)
	trā|dō	trádidī	tráditum	trādere	übergeben, überliefern
	crē|dō	crédidī	créditum	crēdere	glauben, anvertrauen
	ven|dō	véndidī	vénditum	vendere	verkaufen
61.	**currō**	cucurrī	cursum	currere	laufen, rennen
	con|currō	concurrī	concursum	concurrere	zusammenlaufen
	oc|currō	occurrī	occursum	occurrere	begegnen, entgegentreten
	suc|currō	succurrī	succursum	succurrere	zu Hilfe eilen
62.	**tendō**	tetendī	tentum	tendere	spannen, strecken
	con|tendō	contendī	contentum	contendere	sich anstrengen; eilen; kämpfen; behaupten
	os|tendō	ostendī	–	ostendere	zeigen, darlegen, in Aussicht stellen

Präsenserweiterung mit -n-/-l-

63.	**tangō**	tétigī	tāctum	tangere	berühren
	con|tingō	cóntigī	–	contingere	erreichen, berühren
	con|tingit	cóntigit	–	contingere	*es* gelingt
64.	**pellō**	pépulī	pulsum	pellere	treiben, schlagen; vertreiben
	ex|pellō	éxpulī	expulsum	expellere	vertreiben, verbannen

Präsens-Bildung mit Reduplikation

65.	re|sistō	réstitī	–	resistere	Widerstand leisten
66.	bibō	bibī	–	bibere	trinken

Präsenserweiterung mit -sc-

67.	discō	dídicī	–	discere	lernen
68.	poscō	poposcī	–	poscere	fordern, verlangen

Perfekt-Bildung ohne Veränderung des Präsens-Stammes

69.	dē|**fendō**	dēfendī	dēfēnsum	dēfendere	verteidigen, abwehren
	of|fendō	offendī	offēnsum	offendere	anstoßen, beleidigen
70.	(**prehendō**	prehendī	prehēnsum	prehendere	ergreifen, fassen)
	com|prehendō	comprehendī	comprehēnsum	comprehendere	ergreifen, ertappen; begreifen

	dē|prehendō	dēprehendī	dēprehēnsum	dēprehendere	ergreifen, ertappen
	re|prehendō	reprehendī	reprehēnsum	reprehendere	tadeln
71.	cōn|**scendō**	cōnscendī	cōnscēnsum	cōnscendere	besteigen
	dē|scendō	dēscendī	dēscēnsum	dēscendere	herabsteigen, herabkommen
72.	**vertō**	vertī	versum	vertere	wenden, drehen
	animad|vertō	animadvertī	animadversum	animadvertere *(in m. Akk.)*	wahrnehmen, beachten; vorgehen *(gegen)*

U-/V-Stock:

73.	árguō	árguī	–	arguere *(m. Gen.)*	beschuldigen *(eines Vergehens)*; darlegen
74.	métuō	métuī	–	metuere	fürchten
75.	mínuō	mínuī	minūtum	minuere	verringern, schmälern
76.	córr**uō**	córruī	corruitūrus	corruere	einstürzen, zusammenbrechen
	irruō	írruī	irruitūrus	irruere	hineinstürzen, hineinbrechen
77.	**státuō**	státuī	statūtum	statuere	aufstellen; festsetzen, beschließen
	cōn|stítuō	cōnstítuī	cōnstitūtum	cōnstituere	beschließen
	dē|stítuō	dēstítuī	dēstitūtum	dēstituere	verlassen, im Stiche lassen
	re|stítuō	restítuī	restitūtum	restituere	wiederherstellen
78.	tribuō	tríbuī	tribūtum	tribuere	zuteilen, zuweisen
79.	índ|uō	índuī	indūtum	induere	anziehen, anlegen
	éx|uō	éxuī	exūtum	exuere	ausziehen, ablegen, berauben
80.	**solvō**	solvī	solūtum	solvere	lösen; befreien, zahlen
	ab|solvō	absolvī	absolūtum	absolvere *(m. Abl.)* *(m. Gen.)*	loslösen *(von)* freisprechen
	volvō	volvī	volūtum	volvere	rollen, wälzen, erwägen

ī-Konjugation (kurzvokalisch) — VI₅

Perfekt-Bildung mit -v-

1.	cupiō	cupī́vī	cupítum	cupere	wünschen, verlangen

Perfekt-Bildung mit -u-

2.	**rapiō**	rapuī	raptum	rapere	rauben, raffen
	ar|ripiō	arripuī	arreptum	arripere	an sich reißen
	dī|ripiō	dīripuī	dīreptum	dīripere	plündern, zerstören
	ē|ripiō	ēripuī	ēreptum	ēripere	entreißen, befreien

Perfekt-Bildung mit -s-

3.	a|**spiciō**	aspexī	aspectum	aspicere	erblicken, ansehen
	cōn|spiciō	cōnspexī	cōnspectum	cōnspicere	erblicken
	dē|spiciō	dēspexī	dēspectum	dēspicere	herabblicken; verachten
	re|spiciō	respexī	respectum	respicere	zurückschauen, berücksichtigen
	su|spiciō	suspexī	suspectum	suspicere	emporblicken, beargwöhnen, verdächtigen

Perfekt-Bildung durch Dehnung

4.	**capiō**	cēpī	captum	capere	fassen, ergreifen; erobern; begreifen
	ac|cipiō	accēpī	acceptum	accipere	annehmen, empfangen, vernehmen
	ex|cipiō	excēpī	exceptum	excipere	herausnehmen, aufnehmen
	in|cipiō ⎡ **coepī**	– coeptum	inceptum	incipere	anfangen, beginnen
	prae|cipiō	praecēpī	praeceptum	praecipere	vorwegnehmen; vorschreiben
	re|cipiō	recēpī	receptum	recipere	zurücknehmen; aufnehmen
	sus|cipiō	suscēpī	susceptum	suscipere	aufnehmen, übernehmen
5.	**faciō**	fēcī	factum	facere	machen, tun, herstellen
	pate|faciō	patefēcī	patefactum	patefacere	öffnen, eröffnen
	satis|faciō	satisfēcī	satisfactum	satisfacere	Genüge leisten; (*Ansprüche*) befriedigen
	af|ficiō	affēcī	affectum	afficere (*m. Abl.*)	versehen (*mit*)
	cōn|ficiō	cōnfēcī	cōnfectum	cōnficere	vollenden, erledigen
	dē|ficiō	dēfēcī	dēfectum	dēficere	abfallen; fehlen
	ef|ficiō	effēcī	effectum	efficere	bewirken, durchsetzen
	inter|ficiō	interfēcī	interfectum	interficere	töten
	per|ficiō	perfēcī	perfectum	perficere	durchsetzen, vollenden
	suf|ficiō	suffēcī	suffectum	sufficere	ausreichen
6.	**fugiō**	fūgī	fugitūrus	fugere (*m. Akk.*)	fliehen (*vor*); meiden
	ef|fugiō	effūgī	effugitūrus	effugere (*m. Akk.*)	entfliehen, entkommen
7.	**iaciō**	iēcī	iactum	iacere	werfen, schleudern
	ad|iciō	adiēcī	adiectum	adicere	hinzufügen
	con|iciō	coniēcī	coniectum	conicere	zusammenwerfen, schleudern, vermuten
	ē|iciō	ēiēcī	ēiectum	ēicere	hinauswerfen, vertreiben
	prō|iciō	prōiēcī	prōiectum	prōicere	hinwerfen, preisgeben
	sub|iciō	subiēcī	subiectum	subicere	unterwerfen
	trā|iciō	trāiēcī	trāiectum	trāicere	übersetzen, überqueren

Perfekt-Bildung durch Reduplikation

8.	**pariō**	péperī	partum paritūrus	parere	hervorbringen; gebären, erwerben

DEPONENTIA

VII₁

Präsens-Stamm

	ā-Konjugation	ē-Konjugation	ī-Konjugation (langvokalisch)	ĭ-Konjugation (kurzvokalisch)	Konsonantische Konjugation
	Infinitiv				
	versuchen cōnārī	*sich fürchten* verērī	*erproben* experīrī	*dulden* patī	*folgen* sequī
Präsens	**Indikativ**				
	cṓnor	véreor	expérior	pátior	séquor
	cōnāris	verēris	experīris	páteris	séqueris
	cōnātur	verētur	experītur	patitur	séquitur
	cōnāmur	verēmur	experīmur	patimur	séquimur
	cōnāminī	verēminī	experīminī	patiminī	séquiminī
	cōnantur	verentur	experiuntur	patiuntur	sequuntur
	Konjunktiv				
	cṓner	vérear	expériar	pátiar	séquar
	cōnēris	vereāris	experiāris	patiāris	sequāris
	cōnētur	vereātur	experiātur	patiātur	sequātur
	cōnēmur	vereāmur	experiāmur	patiāmur	sequāmur
	cōnēminī	vereāminī	experiāminī	patiāminī	sequāminī
	cōnentur	vereantur	experiantur	patiantur	sequantur
Imperfekt	**Indikativ**				
	cōnā́bar	verḗbar	experiḗbar	patiḗbar	sequḗbar
	cōnābāris	verēbāris	experiēbāris	patiēbāris	sequēbāris
	cōnābātur	verēbātur	experiēbātur	patiēbātur	sequēbātur
	cōnābāmur	verēbāmur	experiēbāmur	patiēbāmur	sequēbāmur
	cōnābāminī	verēbāminī	experiēbāminī	patiēbāminī	sequēbāminī
	cōnābantur	verēbantur	experiēbantur	patiēbantur	sequēbantur
	Konjunktiv				
	cōnā́rer	verḗrer	experī́rer	páterer	séquerer
	cōnārēris	verērēris	experīrēris	paterēris	sequerēris
	cōnārētur	verērētur	experīrētur	paterētur	sequerētur
	cōnārēmur	verērēmur	experīrēmur	paterēmur	sequerēmur
	cōnārēminī	verērēminī	experīrēminī	paterēminī	sequerēminī
	cōnārentur	verērentur	experīrentur	paterentur	sequerentur
Futur I					
	cōnā́bor	verḗbor	expériar	pátiar	séquar
	cōnā́beris	verḗberis	experiēris	patiēris	sequēris
	cōnābitur	verēbitur	experiētur	patiētur	sequētur
	cōnābimur	verēbimur	experiēmur	patiēmur	sequēmur
	cōnābiminī	verēbiminī	experiēminī	patiēminī	sequēminī
	cōnābuntur	verēbuntur	experientur	patientur	sequentur
	Imperativ I				
	cōnā́re! cōnā́minī!	verḗre! verḗminī!	experī́re! experī́minī!	pátere! patíminī!	séquere! sequíminī!

VII₂
DEPONENTIA
Perfekt-Stamm

ā-Konjugation	ē-Konjugation	ī-Konjugation (langvokalisch)	ĭ-Konjugation (kurzvokalisch)	Konsonantische Konjugation
versucht *zu haben* cōnātum, -am, -um esse	*sich gefürchtet* *zu haben* ver*i*tum, -am, -um esse	*erprobt* *zu haben* expertum, -am, -um esse	*geduldet* *zu haben* passum, -am, -um esse	*gefolgt* *zu sein* secūtum, -am, -um esse

Perfekt Indikativ / Konjunktiv

cōnātus, -a, -um ver*i*tus, -a, -um expertus, -a, -um passus, -a, -um secūtus, -a, -um } sum / sim		cōnātī, -ae, -a ver*i*tī, -ae, -a expertī, -ae, -a passī, -ae, -a secūtī, -ae, -a } sumus / sīmus		

Plusquamperfekt Indikativ / Konjunktiv

cōnātus, -a, -um ver*i*tus, -a, -um expertus, -a, -um passus, -a, -um secūtus, -a, -um } eram / essem		cōnātī, -ae, -a ver*i*tī, -ae, -a expertī, -ae, -a passī, -ae, -a secūtī, -ae, -a } erāmus / essēmus		

Futur II

cōnātus, -a, -um ver*i*tus, -a, -um expertus, -a, -um passus, -a, -um secūtus, -a, -um } erō		cōnātī, -ae, -a ver*i*tī, -ae, -a expertī, -ae, -a passī, -ae, -a secūtī, -ae, -a } erimus		

VII₃
Nominalformen

	ā-Konjugation	ē-Konjugation	ī-Konjugation (langvokalisch)	ĭ-Konjugation (kurzvokalisch)	Konsonantische Konjugation
Infinitive					
Präs.	cōnārī	verērī	experīrī	patī	sequī
Perf.	cōnātum, -am, -um esse	ver*i*tum, -am, -um esse	expertum, -am, -um esse	passum, -am, -um esse	secūtum, -am, -um esse
Fut.	cōnātūrum, -am, -um esse	ver*i*tūrum, -am, -um esse	expertūrum, -am, -um esse	passūrum, -am, -um esse	secūtūrum, -am, -um esse
Partizipien					
Präs.	cōnāns, -ntis	verēns, -ntis	experiēns, -ntis	patiēns, -ntis	sequēns, -ntis
Perf.	cōnātus, -a, -um	ver*i*tus, -a, -um	expertus, -a, -um	passus, -a, -um	secūtus, -a, -um
Fut.	cōnātūrus, -a, -um	ver*i*tūrus, -a, -um	expertūrus, -a, -um	passūrus, -a, -um	secūtūrus, -a, -um
Gerundium (deklinierter Infinitiv)					
	cōnandī	verendī	experiendī	patiendī	sequendī
Gerundivum					
	cōnandus, -a, -um	verendus, -a, -um	experiendus, -a, -um	patiendus, -a, -um	sequendus, -a, -um

DEPONENTIA

ā-Konjugation — VIII₁

1.	árbitror	arbitrātus sum	arbitrārī	meinen, glauben
2.	cūnctor	cūnctātus sum	cūnctārī	zögern, zaudern

Ebenso bilden alle Deponentia der ā-Konjugation ihre Stammformen:

3.		cōnārī	versuchen
4.		cōnspicārī	erblicken
5.		contemplārī	betrachten, beobachten
6.		re|cordārī	sich erinnern
7.		imitārī	nachahmen
8.		indīgnārī (m. Akk.)	sich entrüsten (über), ungehalten sein (über)
9.		interpretārī	auslegen, deuten
10.		hortārī	ermahnen, mahnen
11.		mirārī (m. Akk.)	sich wundern (über), bewundern
12.		morārī	sich aufhalten, zögern
13.		precārī	bitten, beten
14.		percontārī	durchforschen, fragen
15.		su|spicārī	vermuten, argwöhnen
16.		versārī (in m. Abl.)	sich aufhalten, sich beschäftigen (mit)

ē-Konjugation — VIII₂

PPP auf -ītus

1.	pol|liceor	pollicitus sum	pollicērī	versprechen
2.	misereor	miseritus sum	miserērī (m. Gen.)	sich erbarmen, bemitleiden
3.	**tueor**	(tuitus sum)	tuērī	schützen
4.	vereor	veritus sum	verērī	sich scheuen, fürchten, verehren

PPP auf -sus

5.	**fateor**	fassus sum	fatērī	gestehen, bekennen
	cōn|fiteor	cōnfessus sum	cōnfitērī	gestehen, bekennen, offenbaren
	pro|fiteor	professus sum	profitērī	gestehen, (offen) bekennen
6.	videor	vīsus sum	vidērī	scheinen, erscheinen (als), gelten (als)

Sonderbildung:

7.	reor	rătus sum	rērī	rechnen, meinen, denken

VIII₃ i-Konjugation (langvokalisch)

1.	largior	largītus sum	largīrī	schenken, spenden
2.	mentior	mentītus sum	mentīrī	lügen
3.	metior	mēnsus sum	metīrī	messen
4.	mōlior	mōlītus sum	mōlīrī	unternehmen, planen
5.	partior	partītus sum	partīrī	teilen
6.	potior	potītus sum	potīrī (m. Abl.)	(etwas) in seine Gewalt bekommen, sich (einer Sache) bemächtigen

PPP auf -tus

7.	ex|perior	expertus sum	experīrī	versuchen, erproben

PPP auf -sus

8.	ōrdior	ōrsus sum	ōrdīrī	anfangen

VIII₄ Konsonantische Konjugation

P-Stock:

1.	lābor	lāpsus sum	lābī	gleiten, (ver)fallen

K-Stock:

2.	fungor	fūnctus sum	fungī (m. Abl.)	verwalten, verrichten
3.	**loquor**	locūtus sum	loquī	sprechen
	cól|loquor	collocūtus sum	colloquī	sich unterreden, verhandeln
4.	**sequor**	secūtus sum	sequī (m. Akk.)	folgen, sich anschließen
	cón|sequor	cōnsecūtus sum	cōnsequī (m. Akk.)	erreichen, einholen
	pér|sequor	persecūtus sum	persequī (m. Akk.)	verfolgen
5.	vehor	vectus sum	vehī (m. Abl.)	fahren (auf)

Präsenserweiterung mit -sc-

6.	pro|ficīscor	profectus sum	proficīscī	aufbrechen, (ab)reisen
7.	nancīscor	na(n)ctus sum	nancīscī	erreichen, bekommen

T-Stock:

8.	nītor	nīsus / nīxus sum	nītī (m. Abl.)	sich stützen (auf), streben (nach), sich anstrengen
9.	ūtor	ūsus sum	ūtī (m. Abl.)	benützen, gebrauchen

Sonderbildung:

10.	queror	questus sum	querī (m. Akk.)	klagen (über)

Präsenserweiterung mit -sc-

11.	ob|līvīscor	oblītus sum	oblīviscī (*m. Gen.*)	vergessen
12.	nāscor	nātus sum	nāscī	geboren werden, entstehen
13.	ulcīscor	ultus sum	ulcīscī (*m. Akk.*)	sich rächen (*an / für*), strafen

i-Konjugation (kurzvokalisch) VIII₅

T-Stock:

1.	ag|gredior	aggressus sum	ággredī	angreifen, herangehen
	ē|gredior	ēgressus sum	égredī	herausgehen, herauskommen
	prō|gredior	prōgressus sum	prógredī	weitergehen, vorankommen
	re|gredior	regressus sum	régredī	zurückgehen, umkehren
2.	patior	passus sum	patī	dulden, leiden, zulassen

Sonderbildungen:

3.	**orior**	ortus sum	orīrī	aufgehen, entstehen;
		orit́ūrus		abstammen
	ad|orior	adortus sum	adorīrī	angreifen, in Angriff nehmen
4.	morior	mortuus sum	morī	sterben
		moritūrus		

IX₁

SEMIDEPONENTIA

ē-Konjugation

1.	audeō	ausus sum	audēre	wagen
2.	gaudeō	gāvīsus sum	gaudēre (m. Abl.)	sich freuen (über)
3.	soleō	sólitus sum	solēre	gewohnt sein, pflegen

Konsonantische Konjugation

4.	cōn|fīdō	cōnfīsus sum	cōnfīdere	vertrauen
5.	re|vertor	revertī (reversus)	revertī	zurückkehren

IX₂

FIERI

Präsens	fīō fierī	① werden, geschehen	② gemacht werden
Perfekt	factus, -a sum factum est	ich bin geworden es ist geschehen	ich bin gemacht worden es ist gemacht worden

FIERI ersetzt auch das **Passiv** von FACERE und das der Komposita von FACERE, die keine Vokalschwächung zeigen (↗83.G2) im Präsens-Stamm.

	Präsens			Imperfekt		Futur I
	Ind.	Konj.	Imp.	Ind.	Konj.	
Sg. 1.	fīō	fīam	–	fīēbam	fierem	fīam
2.	fīs	fīās	fī!	fīēbās	fierēs	fīēs
3.	fit	fīat	–	fīēbat	fieret	fīet
Pl. 1.	fīmus	fīāmus	–	fīēbāmus	fierēmus	fīēmus
2.	fītis	fīātis	fīte!	fīēbātis	fierētis	fīētis
3.	fiunt	fīant	–	fīēbant	fierent	fient
Infinitiv	fierī					fŏre
Partizip						futūrus, -a, -um

Das *-i-* des Präsens-Stammes ist auch vor Vokalen lang; kurzes *-i-* nur in *fit, fierī, fierem* usw.

IRE

1 Formen

Präsens		Imperfekt	Futur I		Imperativ
ich gehe	ich gehe du gehest	ich ging	ich würde gehen / ich ginge	ich werde gehen	
eō	eam	ībam	īrem	ībō	
īs	eās	ībās	īrēs	ībis	ī! Geh!
it	eat	ībat	īret	ībit	
īmus	eāmus	ībāmus	īrēmus	ībimus	
ītis	eātis	ībātis	īrētis	ībitis	īte! Geht!
eunt	eant	ībant	īrent	ībunt	

Partizip Präsens	Infinitiv	Gerundium	Gerundivum
iēns, euntis	īre	eundī, eundō	eundum (est)

Perfekt		Plusquamperfekt		Futur II
ich bin gegangen	ich sei gegangen	ich war gegangen	ich wäre gegangen	ich werde gegangen sein
iī	ierim	ieram	īssem	ierō
īstī	ieris	ierās	īssēs	ieris
iit	ierit	ierat	īsset	ierit
iimus	ierimus	ierāmus	īssēmus	ierimus
īstis	ieritis	ierātis	īssētis	ieritis
iērunt	ierint	ierant	īssent	ierint

Partizip Perfekt Passiv	Infinitiv Perfekt Aktiv
itum	īsse

Vom intransitiven Verbum IRE sind nur unpersönliche Passivformen gebräuchlich, z. B. ītur (man geht), itum est (man ging).

2 Komposita von IRE

eō	iī	itum	īre	gehen
ab|eō	abiī	abitum	abīre	weggehen, abtreten
ad|eō	adiī	aditum	adīre	herangehen, aufsuchen; angreifen
ex|eō	exiī	exitum	exīre	hinausgehen, ausrücken
in|eō	iniī	initum	inīre	hineingehen; beginnen
inter|eō	interiī	–	interīre	zugrunde gehen, umkommen
ob|eō	obiī	obitum	obīre	entgegengehen, besuchen; sterben
per|eō	periī	–	perīre	zugrunde gehen, umkommen
praeter|eō	praeteriī	praeteritum	praeterīre	vorbeigehen; übergehen
prōd|eō	prōdiī	–	prōdīre	auftreten, hervorkommen
red|eō	rediī	reditum	redīre	zurückgehen, zurückkehren
sub|eō	subiī	subitum	subīre	herangehen, auf sich nehmen
trāns|eō	trānsiī	trānsitum	trānsīre	hinübergehen, überschreiten
vēn|eō	vēniī	–	vēnīre	verkauft werden

X₂ ESSE – VELLE – FERRE

.1 Präsens-Stamm

	ESSE	VELLE	NOLLE	MALLE	FERRE	FERRI	POSSE
Präsens	**Indikativ**						
	sum	volō	nōlō	mālō	ferō	feror	possum
	es	vīs	nōn vīs	māvīs	fers	ferris	potes
	est	vult	nōn vult	māvult	fert	fertur	potest
	sumus	volumus	nōlumus	mālumus	ferimus	ferimur	possumus
	estis	vultis	nōn vultis	māvultis	fertis	feriminī	potestis
	sunt	volunt	nōlunt	mālunt	ferunt	feruntur	possunt
	Konjunktiv						
	sim	velim	nōlim	mālim	feram	ferar	possim
	sīs	velīs	nōlīs	mālīs	ferās	feráris	possīs
	sit	velit	nōlit	mālit	ferat	ferátur	possit
	sīmus	velímus	nōlímus	mālímus	ferámus	ferámur	possímus
	sītis	velítis	nōlítis	mālítis	ferátis	feráminī	possítis
	sint	velint	nōlint	mālint	ferant	ferántur	possint
Imperfekt	**Indikativ**						
	eram	volēbam	nōlēbam	mālēbam	ferēbam	ferēbar	poteram
	erās	volēbās	nōlēbās	mālēbās	ferēbās	ferēbāris	poterās
	erat	volēbat	nōlēbat	mālēbat	ferēbat	ferēbātur	poterat
	erāmus	volēbāmus	nōlēbāmus	mālēbāmus	ferēbāmus	ferēbāmur	poterāmus
	erātis	volēbātis	nōlēbātis	mālēbātis	ferēbātis	ferēbāminī	poterātis
	erant	volēbant	nōlēbant	mālēbant	ferēbant	ferēbantur	poterant
	Konjunktiv						
	essem	vellem	nōllem	māllem	ferrem	ferrer	possem
	essēs	vellēs	nōllēs	māllēs	ferrēs	ferréris	possēs
	esset	vellet	nōllet	māllet	ferret	ferrétur	posset
	essémus	vellémus	nōllémus	māllémus	ferrémus	ferrémur	possémus
	essétis	vellétis	nōllétis	māllétis	ferrétis	ferréminī	possétis
	essent	vellent	nōllent	māllent	ferrent	ferréntur	possent
Futur I	erō	volam	nōlam	mālam	feram	ferar	poterō
	eris	volēs	nōlēs	mālēs	ferēs	feréris	poteris
	erit	volet	nōlet	mālet	feret	ferétur	poterit
	erimus	volémus	nōlémus	mālémus	ferémus	ferémur	potérimus
	eritis	volétis	nōlétis	mālétis	ferétis	feréminī	potéritis
	erunt	vólent	nólent	málent	férent	feréntur	póterunt
	Imperativ						
	es!		nōlī!		fer!		
	este!		nōlíte!		ferte!		
	Gerundium					**Gerundivum**	
		volendī	nōlendī		ferendī	ferendus, -a, -um	
	Partizip Präsens						
		volēns	nōlēns		ferēns		
		volentis	nōlentis		ferentis		

.2 Perfekt-Stamm

fuī	voluī	nōluī	māluī	tulī	lātus (sum)	potuī

1　ESSE: Komposita

ab|sum	āfuī	āfutūrus	abesse	abwesend/entfernt sein, fehlen
ad|sum	affuī	affutūrus	adesse	anwesend sein, helfen
dē|sum	dēfuī	–	deesse	fehlen, mangeln
inter|sum	interfuī	–	interesse *(m. Dat.)*	teilnehmen *(an)*
inter|est	interfuit	–	interesse	es ist ein Unterschied; *es* ist wichtig; *es* liegt daran
prae|sum	praefuī	praefutūrus	praeesse *(m. Dat.)*	an der Spitze stehen *(von)*, *(etwas)* leiten
prō|sum	prōfuī	prōfutūrus	prōdesse	nützen, nützlich sein
pos|sum	potuī	–	posse	können

2　FERRE: Komposita

ferō	tulī	lātum	ferre	tragen, bringen; berichten
áf|ferō	attulī	allātum	afferre	herbeibringen; melden
aú|ferō	abstulī	ablātum	auferre	wegbringen, wegschaffen; rauben
cón|ferō	contulī	collātum	cónferre	zusammentragen; vergleichen
dé|ferō	dētulī	dēlātum	dēferre	überbringen, melden, anzeigen
díf|ferō	distulī	dīlātum	differre	aufschieben
díf|ferō	–	–	differre	verschieden sein *(intrans.)*
óf|ferō	obtulī	oblātum	offerre	entgegenbringen; anbieten
ré|ferō	rettulī	relātum	referre	zurückbringen; berichten, melden
tollō	sús|tulī	sublātum	tollere	emporheben, aufheben; beseitigen

VERBA DEFECTIVA　　　　　　XI

Bei den Verba defectiva ist nur ein Teil der sonstigen Verbalformen gebräuchlich.

1. **Nur im Perfekt-Stamm** sind üblich:

meminī	–	meminisse	sich erinnern, denken an *(Imperativ:* mementō!*)*
nōvī (↗ VI 4,12)	–	nōvisse	kennen, wissen
ōdī	–	ōdisse	hassen
coepī (↗ VI 5,4)	–	coepisse	angefangen haben, begonnen haben

2. **Nur in wenigen Formen** kommen vor:

AIT er sagt, behauptet

Präsens: āiō, ait, āiunt ich sage, er sagt, sie sagen	**Perfekt:** ait: er/sie/es sagte

INQUIT er sagt *(in die direkte Rede eingeschoben)*

Präsens: inquit er sagt	**Perfekt:** inquit: er/sie/es sagte

3. Grußformeln

Salvē!	Sei gegrüßt!	Valē!	Lebe wohl!	(↗ VI 2,24)
Salvēte!	Seid gegrüßt!	Valēte!	Lebt wohl!	

XII₁

PRÄPOSITIONEN
Akkusativ

Präposition	örtlich	zeitlich	übertragen	Beispiele	
1. ad ūsque ad	zu, an, bei bis zu	bis zu bis zu	zu	(ūsque) *ad* hoc tempus *ad* urbem *ad* castra venīre idōneus *ad* rem gerendam Quid id *ad* mē? *ad* hoc ipsum	*bis zu* dieser Zeit, bisher *bei* der Stadt *zum* Lager kommen *für* die Durchführung der Aufgabe geeignet Was geht das mich *an*? gerade *zu* diesem Zweck
2. adversus	gegen	–	gegen(über)	*adversus* patrum superbiam pius *adversus* deōs	*gegen* den Hochmut der Patrizier ehrfürchtig *gegenüber* den Göttern
3. ante	vor	vor	–	*ante* Chrīstum nātum	*vor* Christi Geburt
4. apud	bei (*meist bei* *Personen*)	–	–	*apud* senātum	*vor* dem Senat
5. contrā	gegenüber	–	gegen (*feindlich*)	*contrā* iūs gentium	*gegen* das Völkerrecht
6. extrā	außerhalb	–	–	*extrā* oppidum	*außerhalb* der Stadt
7. inter	zwischen, unter	zwischen, während	zwischen, unter	multum interest *inter* mē et tē *inter* sē differe	es ist ein großer Unterschied *zwischen* mir und dir sich *von*einander unterscheiden
8. intrā	innerhalb	innerhalb	–	*intrā* paucās hōrās	*binnen* weniger Stunden
9. iuxtā	neben, nahe bei, daneben	–	gleich wie	parentēs iuxtā deōs colere	die Eltern *gleich wie* Götter ehren
10. ob	gegen, entgegen	–	wegen	*ob* eam causam	*aus* diesem Grund, *deswegen*
11. per	durch... hin- durch	während	durch, wegen	*per* prōvinciam *per* nōnnūllōs diēs *per* lēgātōs *per* dolum	*durch* die Provinz einige Tage *lang* *durch* Vermittlung von Gesandten *durch* List, *auf* listige Art
12. post	nach, hinter	nach, seit	–	*post* tergum *post* hominum memoriam	*hinter* dem Rücken *seit* Menschengedenken
13. praeter	an... vorbei	–	außer	omnēs *praeter* ūnum	alle *außer* einem
14. prope propius	nahe bei näher bei	nahe bei, um –	beinahe an näher an, ähnlicher	*prope* virtūtem esse *propius* virtūtem esse	der Tugend *nahe* sein der Tugend *näher* sein
15. propter	–	–	wegen	*propter* hominum multitūdinem	*wegen* der großen Zahl an Menschen
16. secundum	entlang	unmittelbar nach	nach, entsprechend	*secundum* flūmen *secundum* Iovem aliquem dīligere *secundum* nātūram vīvere	am Fluss *entlang* *gleich nach* Jupiter jemanden hochschätzen *nach* der Natur leben
17. suprā	oberhalb	–	über... hinaus	*suprā* modum	*über* das Maß *hinaus*
18. trāns	über... hinaus, jenseits	–	–	*trāns* Tiberim	*jenseits* des Tibers
19. ultrā	über... hinaus, jenseits	–	über... hinaus, mehr als	*ultrā* modum	*über* das Maß *hinaus*, *über*mäßig

XII₂ Ablativ

Präposition	örtlich	zeitlich	übertragen	Beispiele	
1. ā/ab	von ... her, von ... an	von ... an, seit	von (↗Passiv)	ā flūmine procul / prope ā monte ab urbe conditā ā dīs salūtem exspectāre dēfendere / tuērī ab īnsidiīs	vom Fluss her fern vom / nah am Berg seit Gründung der Stadt Rom von / bei den Göttern die Rettung erwarten vor / gegen einen Anschlag beschützen
2. dē	von, von ... herab	–	von, über, hinsichtlich	ūnus dē nostrīs dē monte dē amīcīs narrāre dē salūte dēspērāre quā dē causā	einer von unseren Leuten vom Berg herab von den Freunden erzählen an der Rettung verzweifeln aus diesem Grund
3. ē/ex	von ... aus, von ... heraus, aus	von ... an, seit	infolge	ūnus ē meīs (↗dē) ex alterā parte ex illō tempore ex senātūs cōnsultō	einer meiner Angehörigen auf der anderen Seite seit jener Zeit infolge Senatsbeschlusses
4. sine	–	–	ohne	nōn sine dolō	nicht ohne List
5. prō	vor	–	für, anstelle von, entsprechend	prō castrīs grātiās agere prō beneficiō certa prō incertīs prō tempore ac rē	vor dem Lager Dank für eine Wohltat sagen Zuverlässiges anstelle des Ungewissen der Zeit und der Sache entsprechend / angemessen
6. cum	mit	–	mit, in Begleitung von	cum aliquō comparāre cum dīligentiā cum amīcīs	mit jemandem vergleichen mit Gewissenhaftigkeit, sorgfältig in Begleitung von Freunden

XII₃ Akkusativ oder Ablativ

Präposition	örtlich	zeitlich	übertragen	Beispiele	
1. sub (mit Akk.)	unter (Frage: wohin?)	gegen, kurz vor	–	sub montem venīre sub noctem	an den Fuß des Berges kommen kurz vor Einbruch der Nacht
sub (mit Abl.)	unter, unterhalb (Frage: wo?)	–	unter	sub montibus sub rēgnō alicuius	am Fuße der Berge unter der Herrschaft von jemandem
2. in (mit Akk.)	in, nach (Frage: wohin?)	auf, für	gegen	in bēstiam mūtāre in lūcem dormīre magistrātum in annum creāre mīrum in modum pietās in deōs	in ein Tier verwandeln in den Tag hinein schlafen einen Beamten für / auf ein Jahr wählen auf wunderbare Weise Ehrfurcht gegenüber den Göttern
in (mit Abl.)	in, an, auf (Frage: wo?)	in, während	in, bei, trotz	in oppidō in rēbus adversīs in vītā in summā inopiā in nārrandō	in der Stadt im Unglück während des Lebens in / trotz höchster Not beim Erzählen

XIII MEHRDEUTIGE PARTIKELN

Funktionen und Bedeutungen

1 CUM

Verwendung	Modus (Tempus)	Bedeutung
als Subjunktion:		
relativum	Indikativ	(dann) **wenn** / (damals) **als**
inversivum	Ind. *Perfekt*	**als** / **da**
iterativum	Ind. *Impf.* / *Plusquamperf.*	(jedesmal) **wenn** / **sooft**
cum prīmum	Ind. *Perfekt*	**sobald** (als)
(coincidens	Indikativ	**indem** / **dadurch, dass**)
historicum	Konj. *Impf.* / *Plusquamperf.*	**als** / **nachdem**
(modale	Konjunktiv	**wobei**)
causale	Konjunktiv	**da** / **weil**
concessivum	Konjunktiv	**obwohl** / **wenn auch**
adversativum	Konjunktiv	**während** (dagegen)
als Konjunktion:		
anreihend *cum* (. . . *tum*)	–	**sowohl** (. . . als auch) / **zwar** (. . . besonders aber)
als Präposition:		
mit Ablativ:		**mit** / in Begleitung von / unter

2 UT

Verwendung	Modus (Tempus)	Bedeutung	Negation
als Subjunktion:			
final	Konjunktiv	**dass** (*in Begehrsätzen*) **damit** (*in finalen Adverbialsätzen*)	**nē**
feststellend	Konjunktiv	**dass** (↗72 G1.1)	**nōn**
konsekutiv	Konjunktiv	**dass** / **so dass**	**nōn**
temporal	Ind. *Perfekt*	**sobald** (als)	**nōn**
komparativ	Indikativ	**wie**	**nōn**
interrogativ (indirekt)	Konjunktiv	**wie**	**nōn**
(konzessiv	Konjunktiv	**angenommen, dass** / **wenn auch**	**nē**)

3 QUOD

Verwendung	Modus	Bedeutung
als Pronomen:		
Relativ-Pronomen	Indikativ / Konjunktiv	(das) **was** / **welches**
Relativischer Satzanschluß		**dieses** (*mit Demonstrativum zu übersetzen*)
Frage-Pronomen (adjektivisch)	Indikativ / Konjunktiv	**welches**
als Subjunktion:		
faktisch	Indikativ	**dass** **als** (eō magis... quod um so mehr... als) **wenn** (QUOD *an der Satzspitze stehend*)
kausal	Indikativ	**da** / **weil**

4 AN

Verwendung	Modus	Bedeutung	Satzart
im Hauptsatz:			
einleitend	Indikativ / Konjunktiv	**etwa**	Fragesatz (Deliberativ)
fortführend	Indikativ / Konjunktiv	**oder**	Wahlfrage (Deliberativ)
im Gliedsatz:			
einleitend	Konjunktiv	**ob nicht**	Abh. Fragesatz
fortführend	Konjunktiv	**oder**	Abh. Wahlfrage

5 SI

Verwendung	Modus	Bedeutung	Satzart
kondizional	Realis Potentialis Irrealis	**wenn** / **falls**	Kondizionalsatz (*Adverbialsatz*)
interrogativ (indirekt)	Konjunktiv	**ob** (*nach Verben des Wartens / Versuchens*)	Abh. Fragesatz (*Subjekt- / Objektsatz*)

XIV SYNTAKTISCHE FUNKTIONEN UND FÜLLUNGSARTEN

Die einzelnen syntaktischen Erscheinungen erfüllen im Satz verschiedene **Funktionen**; sie können also im Baugerüst des Satzes verschiedene **Positionen** einnehmen.

Umgekehrt lässt sich sagen: Die einzelnen Positionen des Satzes können von verschiedenartigen syntaktischen Erscheinungen „aus**gefüllt**" sein (**Füllungs**arten).

Nachfolgend werden alle wichtigen syntaktischen Erscheinungen der lateinischen Sprache im Schema des **Satzmodells** übersichtlich zusammengestellt:

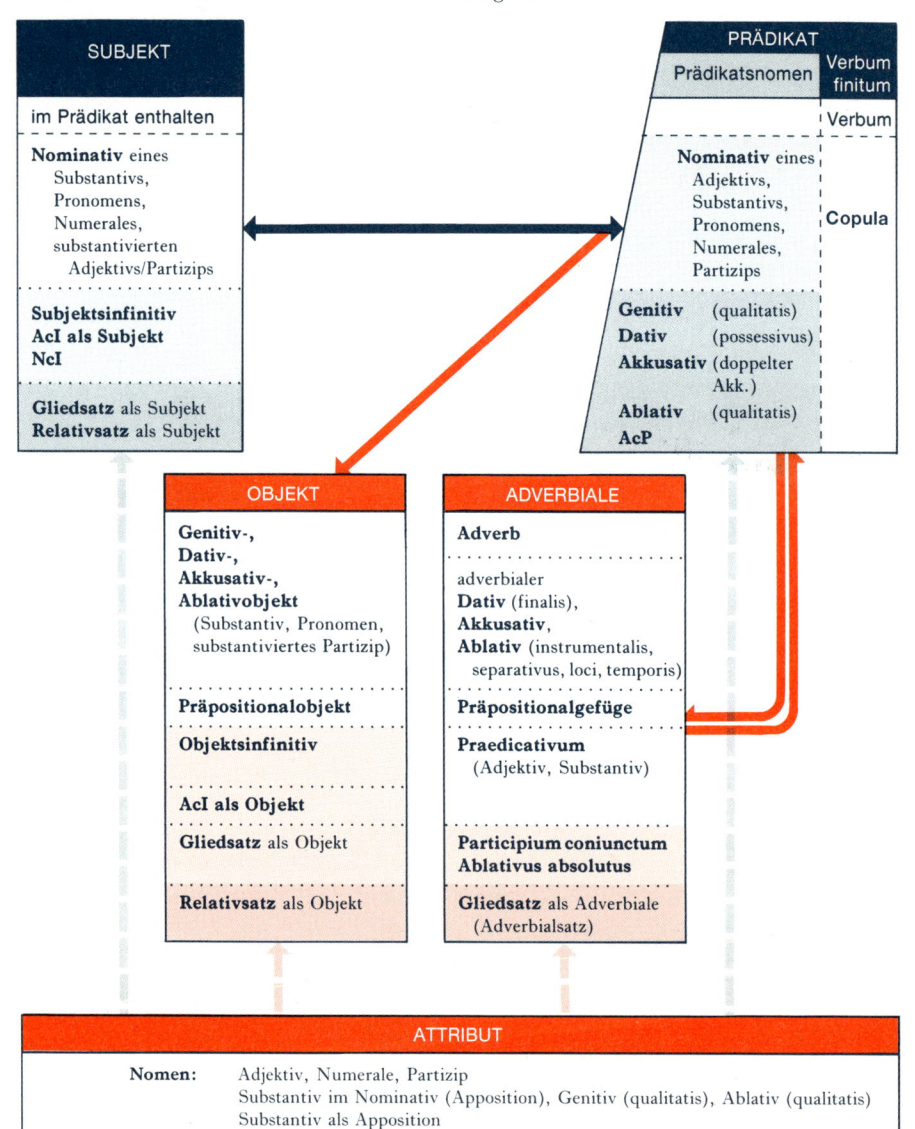

SUBJEKT

im Prädikat enthalten

Nominativ eines
  Substantivs,
  Pronomens,
  Numerales,
  substantivierten
    Adjektivs/Partizips

Subjektsinfinitiv
AcI als Subjekt
NcI

Gliedsatz als Subjekt
Relativsatz als Subjekt

PRÄDIKAT

Prädikatsnomen	Verbum finitum
	Verbum
Nominativ eines Adjektivs, Substantivs, Pronomens, Numerales, Partizips	Copula

Genitiv (qualitatis)
Dativ (possessivus)
Akkusativ (doppelter Akk.)
Ablativ (qualitatis)
AcP

OBJEKT

Genitiv-,
Dativ-,
Akkusativ-,
Ablativobjekt
  (Substantiv, Pronomen,
  substantiviertes Partizip)

Präpositionalobjekt
Objektsinfinitiv

AcI als Objekt

Gliedsatz als Objekt

Relativsatz als Objekt

ADVERBIALE

Adverb

adverbialer
Dativ (finalis),
Akkusativ,
Ablativ (instrumentalis, separativus, loci, temporis)

Präpositionalgefüge

Praedicativum
  (Adjektiv, Substantiv)

Participium coniunctum
Ablativus absolutus

Gliedsatz als Adverbiale
  (Adverbialsatz)

ATTRIBUT

Nomen: Adjektiv, Numerale, Partizip
Substantiv im Nominativ (Apposition), Genitiv (qualitatis), Ablativ (qualitatis)
Substantiv als Apposition

Relativsatz als Attribut (Attributsatz)

SACHVERZEICHNIS

Abfragen des Satzes 1 G1; 2 G2.1; 4 G2.1;
   8 G1.1; 8 G2.2/3; 9 G2; 11 G1.2; 23 G1.3;
   40 G2.2
Ablativ 10 G1; 11 G1
   Aufgabe (Funktion) 10 G2.2; 88 G1–3
   im Präpositionalgefüge 10 G2; Tab. XII$_{2-3}$
   ohne Präposition 11 G1
   als Adverbiale 88 G1–3
   als Attribut 88 G1.8
   als Objekt 88 G1.7
   als Prädikatsnomen 88 G1.8
   mit Partizip ↗absolutus
   absolutus 52 G1/2
      Nominale Wendungen 53 G1
      Unterschied zum Part. coni. 52 G1.1
      Übersetzungsweisen 52 G2.3
      mit Relativsatz verschränkt 71 G2
   Sinnrichtungen:
      der Art und Weise (modi) 11 G1.2;
         88 G1.2
      der Beziehung (limitationis) 60 G1;
         70 G2.2; 88 G1.4
      des Grundes (causae) 11 G1.2; 88 G1.6
      des Maßes / Unterschieds (mensurae)
         60 G1; 88 G1.5
      des Mittels (instrumentalis) 11 G1.2;
         67 G2; 70 G2.1; 88 G1
      des Ortes (loci) 26 G2.2; 67 G1.2;
         88 G3.1
      der Preisangabe (pretii) 65 G1.1;88 G1.3
      der sozialen Herkunft (originis) 88 G2.2
      der Trennung (separativus) 11 G1.2;
         46 G2; 88 G2
      des Urhebers (auctoris) 23 G1.3
      des Vergleichs (comparationis)
         43 G2; 88 G2.3
      der Zeit (temporis) 26 G2.1; 88 G3.2
      zur Angabe von Eigenschaften (qualitatis) 35 G2.2; 88 G1.8
Ablaut L16
Absichtssätze (Finalsätze) 41 G2.2;
   72 G 2.3 Tab. XIII$_2$
AcI (Accusativus cum Infinitivo)
   Konstruktion 18 G1
   Negation 18 G1.3
   Prädikatsnomen 18 G2

Reflexiv-Pronomen 22 G2.2
Zeitverhältnis 27 G2
Besondere Konstruktionen:
   bei INTEREST 68 G2.3
   mit Gerundivum 78 G1.5
   Vergleich mit NcI 61 G1.1
   Verschränkung mit Relativsatz 71 G2
AcP 47 G2
Adjektiv *Tab I$_2$*
   ā-/o-Deklination 6 G1
   ī-Deklination 38 G1/2
   Konsonantische Deklination 46 G1
   als Attribut 6 G1; 8 G1.2
   als Praedicativum 13 G2
   als Prädikatsnomen 6 G2; 13 G2; 14 G2
   aus Gerundivum 77 G1.1/2
adjektivische Verwendung
   ↗ Indefinit-Pronomen
   ↗ Verallgemeinerndes Relativ-Pronomen
Adverb *Tab. IV*
   Bildung 40 G2.1
   Komparation 45 G2 *Tab. IV*
   Funktion 2 G2; 40 G2.2
   bei INTEREST 68 G2.2
   beim Gerundium 73 G2
Adverbiale S 6/7; 2 G2; 10 G2.2; 26 G2.2;
   39 G2.2
Adverbialsätze 11 G2; 42 G2.1; 77 G2;
   80 G1/2; 86 G2; 87 G1/2; *Tab. XIV*
Adversativsätze 86 G2.3
Akkusativ 4 G1; 84 G
   Bildung der ā-/o-Deklination 4 G1.1
   beim Neutrum 5 G1
   als Adverbiale 17 G2; 23 G2;
      68 G1.2/2.2; 84 G2
   als Objekt 4 G2; 19 G2.3; 84 G1
   als Prädikatsnomen 14 G2.2; 18 G2;
      84 G1.4
   bei Komposita 19 G2.3; 84 G1.3
   der Ausdehnung 17 G2; 84 G2.3
   der Richtung 19 G2.2; 23 G2.2; 84 G2.4
   des Inhalts 68 G1.1; 84 G2.1
   doppelter Akkusativ 14 G2.2; 84 G1.4
   mit Infinitiv ↗ AcI
   mit Partizip ↗ AcP
   im Präpositionalgefüge 19 G2.1; *Tab XII$_{1,3}$*

153

Aktiv 15
  Indikativ Präsens 7 G1
  Futur I 16 G1
  Futur II 31 G1.1
  Indikativ Imperfekt 17 G1
  Indikativ Perfekt 21 G1
  Indikativ Plusquamperfekt 28 G1.1
  Umwandlung von Passiv 53 G2.2
AN 72 G2.2; *Tab. XIII*₄
Assimilation L 23; 51 G1.1; 74 G2.3
Attribut S 9/10; 6 G1; 8 G1.2; 25 G2; 39 G2.2; 60 G2.1
  Gerundivum als Attribut 77 G1.2
Attributsätze 25 G2; 29 G2; 71 G1.1; *Tab. XIV*
Ausgang 3 G1.1; 4 G1.2; 5 G1.1; 7 G2; 10 G1
Aussagesätze
  abhängige 72 G1
  unabhängige 62 G1/2
Aussageweise ↗ Modus
Aussprache L 12

Befehl ↗ Imperativ
Bedingungssätze ↗ Kondizionalsätze
Begehrsätze
  abhängige 41 G2.2; 51 G1.2; 59 G2.2
  unabhängige 41 G2.1; 51 G1.2/2.2; 64 G1.4
Beiordnung 11 G2; 52 G2.3
Bestimmungsstücke 15
Beziehungswort
  beim Partizip 25 G2; 39 G2.1
  beim Relativsatz 29 G2
Bildungselement
  beim Gerundium 73 G1.1; 74 G1.3
  beim Gerundivum 77 G1.1
  beim Partizip Futur 56 G1.1
  beim Partizip Perfekt Passiv 25 G1.2
  beim Partizip Präsens Aktiv 39 G1; 74 G1.3
  bei Zahlwörtern 54 G1.1/2
Bindevokal 16 G1.1; 20 G1.1/2; 21 G1; 24 G2; 25 G1.2; 32 G1/2; 57 G1.4; 57 G2.2; 73 G1.1; 74 G1; 77 G1.1
Consecutio temporum ↗ Zeitenfolge
Copula 6 G2; 13 G2; 14 G1.2; 40 G2; 54 G2.2; 56 G1.2; 78 G1
CUM
  Präposition 10 G2.1; *Tab. XII*₂; *XIII*₁

Subjunktion *Tab. XIII*₁
  adversativum 86 G2.3
  causale 77 G2.1; 80 G2.5
  concessivum 86 G2.2
  historicum 80 G1.2
  inversivum 80 G2.1
  iterativum 80 G2.2
  relativum 80 G2.1
  CUM PRIMUM 80 G2
  als Stützwort 66 G1.2

Dativ 9 G1; 86 G1
  als Objekt 9 G2
  Sinnrichtungen:
    des Besitzers (possessivus) 16 G2; 86 G1.2.1
    des Urhebers (auctoris) 78 G1.3; 86 G1.2.2
    des Vorteils (commodi) 58 G2.2; 86 G1.1.4
    des Zwecks (finalis) 54 G2; 86 G1.3
    bei Verben 58 G2; 86 G1.1/2
Datumsangaben 88 G3.2
Dehnung L 16
Deklination *Tab. I*₁₋₃
  ā-Deklination 3 G1.1; 10 G1.2
  o-Deklination 3 G1.1; 5 G1.1; 10 G1.2
  ē-Deklination 48 G1
  Konsonantische Deklination 33 G1; 33 G2; 34 G1; 35 G1; 46 G1 (Adjektive)
  ī-Deklination 36 G1; 38 G1/2
  Mischklasse 37 G1
  u-Deklination 55 G1
  DOMUS 55 G1.3
  des Adjektivs ↗ dort
  des Komparativs 43 G1; 45 G1/2
  des Partizips ↗ dort
  der Pronomina ↗ dort
  der Zahlwörter ↗ Grund-/Ordnungszahlen
  des Gerundiums 73 G1.2
  indeklinabel 54 G1.1
Deklinierter Infinitiv ↗ Gerundium
Deliberativ 69 G2
Demonstrativ-Pronomen *Tab. II*₃
  HIC, HAEC, HOC 30 G1
  IDEM, EADEM, IDEM 63 G1
  ILLE, ILLA, ILLUD 30 G2
  IPSE, IPSA, IPSUM 28 G2
  IS, EA, ID 22 G1
  ISTE, ISTA, ISTUD 40 G1

Demonstrativum vor Konsekutivsatz
   77 G2.2
Deponens   Tab. VII$_{1-3}$; Tab. VIII$_{1-5}$
   Einführung   75 G1
   Präsens-Stamm   75 G2; 78 G2.1; 79 G1;
      Tab. VII$_1$
   Perfekt-Stamm   76 G1; 78 G2.2; 79 G2;
      Tab. VII$_2$
   Partizip Perfekt   76 G2; 79 G2
   Nominalformen (infinite)   75 G2.2;
      79 G1.2; Tab. VII$_3$
   Prohibitiv   76 G1.2
Doppelfragen ↗Wahlfragen
DUM   80 G1.2 / 2.3 / 2.4 / 2.5

Elativ   44 G2; 45 G2.2
Endung
   Nomen   4 G1.2; 14 G1; 22 G1; 28 G1.1;
      29 G1.2; 33 G1/2; 34 G1.1; 35 G1.1;
      36 G1.2; 36 G2.1; 37 G1.1; 38 G1;
      40 G1.1; 43 G1.2; 48 G1.1; 55 G1.1
   Verbum   2 G1.2; 7 G1.1; 8 G2.1;
      15 G1.2; 16 G1; 17 G1; 20 G1.1;
      20 G2.1; 21 G1; 23 G1.2; 27 G1.1;
      28 G1.1; 31 G1.1; 32 G1/2; 51 G1.1
Ersatzdehnung   L 18
ESSE   Tab. X$_{2.1}$
   Komposita   58 G1; Tab. X$_{2.1}$
   beim Genitivus possessivus   60 G2
   beim Genitivus pretii   65 G1.2
   beim Dativus finalis   86 G1.3.1
   beim Dativus possessivus   86 G1.2.1

Fall ↗Kasus
Femininum   3 G1.1; 35 G1; 36 G1;
   37 G1.2/3; 48 G1.2
FERRE   74 G1/2; Tab. X$_{2.1}$
   Komposita   74 G2.3; Tab. X$_{2.2}$
FIERI   83 G1/2; Tab. IX$_2$
Finalsätze (Absichtssätze)   41 G2.2; 77 G2.3
finale Sinnrichtung
   beim Gerundium mit AD   73 G1.2
   beim Gerundivum   78 G1.6
   beim Partizip Futur   56 G1.3
   bei Relativsätzen   71 G1
Folgesätze (Konsekutivsätze)   41 G2.2;
   77 G2.2
FORE   56 G2.1
Fragepartikel   34 G2.2
Frage-Pronomen Tab. II$_8$
   substantivisch   14 G1

   adjektivisch   37 G2
Fragesätze
   abhängige   41 G2.2; 42 G2.1; 71 G2.1;
      72 G2; Tab XIII$_5$
   unabhängige   34 G2
Fragewort   34 G2.2; Tab. II$_8$
Füllungsarten Tab. XIV
Funktion Tab. XIV
   syntaktische   4 G2.2; 6 G1.2; 8 G1.2;
      8 G2; 9 G2.1; 11 G2; 18 G1.2; 26 G2.2;
      39 G2.2; 40 G2.2; 47 G1.2; 49 G2
   semantische   88 G
Futur I
   Aktiv   16 G1; 20 G2.2
   Passiv   24 G2.2
   ESSE   16 G1.2
   Deponens   75 G2; 78 G2.1; 79 G1.1
   Partizip   56 G1.1; Tab. V$_3$; VII$_3$
   Verwendung   56 G1.2
Futur II   31 G1.1/2
   in Gliedsätzen   31 G1.3

Gegenwart
   Deliberativ   69 G2
   Potentialis   82 G2
   Realis   82 G1
   erfüllbarer Wunsch   64 G1.4
   unerfüllbarer Wunsch   51 G1.2 / 2.2;
      64 G1.4
Genitiv   8 G1.1; 85 G
   als Attribut   8 G1.2; 73 G1.3; 85 G1
   als Objekt   85 G2
   als Prädikatsnomen   85 G1
   bei Verben und Adjektiven   85 G2.1/2
   des Gerundiums   73 G1.1
   bei INTEREST   68 G2
   Sinnrichtungen:
   der Teilung (partitivus)   49 G2; 85 G1.6
   zur Angabe von Eigenschaften
      (qualitatis)   35 G2.1; 85 G1.4
   zur Angabe des Besitzverhältnisses
      (possessoris)   16 G2; 60 G2; 85 G1.1
   zur Angabe des Objekts (obiectivus)
      55 G2; 85 G1.3
   zur Angabe des Preises (pretii)
      65 G1.2; 68 G2.2; 85 G1.5
   zur Angabe von Schuld / Strafe (criminis)
      65 G2.1; 85 G2.3
   zur Angabe des Subjekts (subiectivus)
      55 G2; 85 G1.2

Genus 3 G1.2
Genus verbi 15; 23 G1
Gerundium
    Bildung 73 G1.1
    Deklination 73 G1.2
    Verwendung 73 G2
Gerundivum
    Bildung 77 G1.1
    Verwendung 77 G1.2/3; 78 G1
    im AcI 78 G1.5
Gleichzeitigkeit ↗ Zeitverhältnis
Gliedsätze *Tab. XIV*
    Begriff 11 G2
    Adverbialsätze ↗ dort
    Attributsätze ↗ dort
    Funktionen 59 G2; 71 G1.1; 77 G2; 80 G1/2; 86 G2; 87 G1./2
    indikativische 5 G2; 26 G1.3; 31 G1.3
    konjunktivische 41 G2.2; 42 G2.2; 51 G1.2; 51 G2.2
    Satzgefüge 11 G2
    Subjekt-/Objektsätze 59 G2
Groß- und Kleinschreibung L10
Grundzahlen 36 G2; 54 G1.1

Hauptsatz 11 G2; 31 G1.3; 89 G; 90 G
Hilfsvokal L20
Historischer Infinitiv 62 G2
Historisches Perfekt 62 G1.2
Historisches Präsens 62 G2
Hortativ 41 G2.1

Imperativ I 15 G1
    des Deponens 75 G2.1; 78 G2.1; 79 G1.1
    verneint ↗ Prohibitiv
Imperfekt 17 G1; 21 G2; 24 G1; 62 G1.1
    Konjunktiv 51 G1.1/2
Indikativ 15; 41
Indefinit-Pronomen *Tab. II*$_5$
    ALIQUIS/ALIQUI 66 G1.3
    QUIDAM 49 G1
    QUIS/QUI 66 G1.1/2
    QUISQUAM/ULLUS 66 G2
    QUISQUE 48 G2
    UNUSQUISQUE 48 G2
Infinitiv *Tab. V*$_3$; *VII*$_3$
    Futur Aktiv 56 G2.1
    Präsens Aktiv 8 G2.1
    Präsens Passiv 23 G1.2

Perfekt Aktiv/Passiv 27 G1
    als Objekt 8 G2.3
    als Subjekt 8 G2.2
    der Deponentia 75 G2.2; 76 G1.2; 79 G1.2
    im AcI 18 G1; 27 G2; 56 G2.2
    im NcI 61 G2.2
    Zeitverhältnis ↗ dort
    deklinierter Infinitiv ↗ Gerundium
    historischer Infinitiv 62 G2
Infinite Formen ↗ Nominalformen des Verbs
Instrumentalis ↗ Ablativ
Interrogativ-Adverb 34 G2.2
Interrogativ-Partikeln 34 G2.2
Interrogativ-Pronomina *Tab. II*$_8$
    14 G1; 34 G2.2; 37 G2
Interrogativsätze ↗ Fragesätze
intransitiv 9 G2.2; 68 G1.1; 78 G1.2
IRE *Tab. X*$_{1-2}$
    Komposita 84 G1.3
Irrealis 51 G1.2; 51 G2.2
    im Kondizionalsatz 51 G1.2; 51 G2.2
    im Wunschsatz 51 G1.2; 51 G2.2

Jussiv 41 G2.1

Kasus 3 G1.2; 10 G1.2
Kasuslehre
    ADIUVARE 84 G1.1
    CONSULERE 58 G2.2
    FACERE 85 G1.5
    INTEREST 68 G2
    INVIDERE 86 G1.1
    IUBERE 84 G1.1
    PERSUADERE 86 G1.1
    TIMERE 58 G2.2
    VETARE 84 G1.1
    Verben der Gemütsbewegung 84 G1.2
    Verben der Gerichtssprache 65 G2.1; 85 G2.3
    Zusammenfassung 84 G; 85 G; 86 G1; 88 G
Kausale Sinnrichtung
    des Partizips 47 G1.4; 52 G1.3; 52 G2.4
    des Relativsatzes 71 G1
Kausalsätze 42 G2.2; 77 G2.1
Kennvokal 2 G1.2; 4 G1.1/2; 48 G1.1; 55 G1.1; 57 G1; 59 G1.2
Komparation *Tab. III*$_{1-2}$
    Komparativ 43 G1
        Bedeutungen 43 G1.3

Superlativ 44 G1; 48 G2.2
  Bedeutungen 44 G2
  unregelmäßige 45 G1
  des Adverbs 45 G2; *Tab. IV*
Komparativsätze ↗ Vergleichssätze
Komposita von IRE *Tab.* X_{1-2}
Kondizionalsätze 31 G1.3; 51 G1.2/2.2; 52 G1.3; 52 G2.4; 87 G1
Kondizionale Sinnrichtung 52 G1.3; 52 G2.4; 87 G1
Kongruenz 6 G1.1; 37 G2.1
  des adverbial gebrauchten Partizips 39 G2.2; 47 G1.1
  des attributiven Adjektivs 6 G1.1
  des attributiven Partizips 39 G2.1
  des attributiven Gerundivums 77 G1.1
  des Infinitiv Futur Aktiv 56 G2.1
  des Prädikats 2 G1.1
  des Prädikatsnomens 6 G2.2; 18 G2; 61 G1.1
  im Relativsatz 29 G2
  im AcI 18 G2
  im NcI 61 G1.1
Konjugation *Tab.* V_{1-3}; VII_{1-3}; X_{1-2}
  Begriff 2 G1.1
  ā-Konjugation 2 G1.2
  ē-Konjugation 2 G1.2
  ī-Konjugation 57 G1/2; 59 G1
  ĭ-Konjugation 69 G1; 70 G1
  Konsonantische Konjugation 20 G1/2
  der Deponentia 75 G2; 76 G1; 78 G2; 79 G1/2
    ESSE ↗ dort; *Tab.* $X_{2.1}$
    FERRE 74 G1/2; *Tab.* $X_{2.1}$
    FIERI 83 G1/2; *Tab.* IX_2
    IRE ↗ dort; *Tab.* X_1
    POSSE ↗ dort; *Tab.* $X_{2.1}$
    VELLE 64 G1; *Tab.* $X_{2.1}$
Konjunktionen (beiordnend) 3 G2; 5 G2
  unterordnende ↗ Subjunktionen
Konjunktiv 15; 41
  Präsens 41 G1.1
  Perfekt 42 G1.1
  Imperfekt 51 G1
  Plusquamperfekt 51 G2
  ESSE/IRE 41 G1.2; 42 G1.1
  in Gliedsätzen:
    der Gleichzeitigkeit 42 G2.2
    der Vorzeitigkeit 42 G2.2; 80 G1/2
    in Relativsätzen 71 G1
    Irrealis ↗ Kondizionalsätze

  in Hauptsätzen:
    Hortativ 41 G2.1
    Jussiv 41 G2.1
    Optativ 41 G2.1
    Prohibitiv 42 G2.1
Konsekutivsätze ↗ Folgesätze
Konsekutive Sinnrichtung des Relativsatzes 71 G1.1
Konsonantische Deklination ↗ Deklination
Konsonantische Konjugation ↗ Konjugation
Konzessivsätze 86 G2
Konzessive Sinnrichtung 47 G1.4; 52 G1.3; 52 G2.4
Korrelativa 87 G2.1
krypto-aktiv 53 G2.2

Lokativ 67 G1.1

Maskulinum 3 G1.1; 13 G1.1; 33 G2; 37 G1.3; 48 G1.2
Modale Sinnrichtung 47 G1.4; 52 G1.3; 52 G2.4
Modus 15; 15 G1; 41 G1
Modus-Zeichen 41 G1.1; 42 G1.1; 51 G1.1; 52 G2.1; 69 G1.2
Modi in Hauptsätzen 41 G2.1; 51 G1.2; 51 G2.2; 82 G1/2
Modi in Gliedsätzen 41 G2.2; 42 G2.2; 51 G1.2; 51 G2.2

Nachzeitigkeit ↗ Zeitenfolge
  des Infinitivs 61 G2.2
  des Partizips 56 G1.3
NcI 61 G1/2
  einleitende Verben 61 G1.1
  Verschränkung mit Relativsatz 71 G2.1
-NE 34 G2.2; 72 G2.2
NEVE 77 G2.3
Negation
  NON 18 G1.3; 72 G1/2; 78 G1; 82 G1.1/2.1
  NE 41 G2.1; 42 G2.1; 51 G1.2; 51 G2.2
  NE QUIS/QUI 66 G1.2
  NEMO – NIHIL – NULLUS *Tab.* II_6
Neutrum 5 G1; 34 G1
Nomen S 3; 4 G1.2
Nominalformen des Verbs *Tab.* V_3; *Tab.* VII_3
Nominativ
  als Subjekt 3 G1
  des Prädikatsnomens 6 G2.2
  doppelter Nominativ 84 G1.4
  mit Infinitiv ↗ NcI

Numerale ↗Zahlwort
Numerus 2 G1.1; 3 G1.2; 15

Objekt S6; 4 G2; 9 G2; 22 G2.1
   Infinitiv als Objekt 8 G2.3
   AcI als Objekt 18 G1.2
Objektsinfinitiv 8 G2.3
Objektsatz *Tab. XIV*; 72 G1/2
Optativ 41 G2.1; 51 G1.2; 51 G2.2
Ordnungszahlen 54 G1.2
Ortsangaben 19 G2.2; 67 G1

Parenthese 71 G2.2
Partikel *Tab. XIII*$_{1-5}$
Partizip
   Bildung:
      Futur Aktiv 56 G1; 56 G2.1 (ESSE)
      Präsens Aktiv 39 G1.1; 39 G1.2 (IRE);
         57 G2.2; 69 G1.4; 74 G1.3; 75 G2.2;
         78 G2.1; 79 G1.2
      Perfekt Passiv 25 G1; 59 G1.2
   Verwendung:
      als Ablativus absolutus 52 G1/2;
         53 G1/2
      Unterschied zum Participium
         coniunctum 52 G1.1
      als Adverbiale (Participium coniunctum)
         39 G2; 47 G1.2–4; 52 G1.1; 56 G1.3
      als Attribut 25 G2; 39 G2
      geschlossene Wortstellung 25 G2
      als Praedicativum (AcP) 47 G2
      als Prädikatsnomen 56 G1.2
Participium coniunctum 47 G1; 52 G1.1;
   56 G1.3
   Sinnrichtungen 47 G1.4
   Zeitverhältnis 47 G1.3
Partizip der Gleichzeitigkeit 52 G2.2
Partizip der Vorzeitigkeit 52 G2.2; 76 G2.2
Partizip der Nachzeitigkeit 56 G1.3
Passiv 15; 23 G1
   Indikativ Präsens 23 G1.1
   Futur I 24 G2
   Futur II 31 G1.2
   Indikativ Imperfekt 24 G1
   Indikativ Perfekt 26 G1
   Plusquamperfekt 28 G1.2
   Umwandlung Aktiv → Passiv 53 G2.2
   PPP für Aktiv 53 G2.2
Perfekt *Tab. V*$_2$*; Tab. VI*$_{1-5}$*; VII*$_2$
   Bildung des Perfekt-Aktiv-Stamms:
      mit -v- 21 G1.1; 59 G1.2; 70 G1.2

      mit -u- 32 G1; 59 G1.2; 70 G1.2
      mit -s- 32 G2; 59 G1.2; 70 G1.3
      durch Dehnung 50 G1; 59 G1.2;
         70 G1.4
      durch Reduplikation 46 G1; 59 G1.2;
         70 G1.5
      ohne Veränderung 50 G2
      bei ESSE/IRE 21 G1.3
      Bildungsweisen (Zusammenfas.) 67 G2
   Bildung des Perfekt-Passiv-Stamms:
      25 G1.2; *Tab. V*$_2$
      der Deponentia 76 G1.1; 78 G2.2;
         79 G2; *Tab. VII*$_2$
   Verwendung des Perfekts 21 G2; 26 G1.2
      historisches Perfekt 62 G1.2
      konstatierendes Perfekt 62 G1.2
      präsentisches Perfekt 63 G2
Periode ↗Satzgefüge
Persönliche Konstruktion 61 G2.1; 78 G1.1
Personal-Pronomina 12; *Tab. II*$_1$
   1. und 2. Person 12 G1/2
   3. Person 22 G1; 22 G2 (reflexiv)
   als Genitivus obiectivus 55 G2.3
Person-Zeichen 2 G1.1; 7 G1.1; 21 G1.1;
   23 G1.1; 28 G1.1; 31 G1.1; 32 G1/2;
   42 G1.1
Plusquamperfekt
   Aktiv 28 G1.1
   Passiv 28 G1.2
   Konjunktiv ↗dort
   Verwendung 62 G1.1
Position S1
Positiv 43 G1; *Tab. IV*
POSSE 51 G1.1; *Tab. X*$_{2.1}$
Possessiv-Pronomina *Tab. II*$_2$;
   15 G2.1; 15 G2.2 (reflexiv)
   statt Genitivus possessivus 60 G2.2
Potentialis 82 G2
Praedicativum 13 G2; 47 G2; 52 G1.1
Prädikat S4; S5
   einfaches 1 G1
   zusammengesetztes 6 G2.2; 26 G1.1
Prädikatsnomen 6 G2.2; 13 G2; 14 G2; 18 G2
   Kongruenz 6 G2.2
   im NcI 61 G1.1
   im Nominativ 84 G1.4
   im Genitiv 60 G2; 85 G1
   im Dativ 86 G2.1/3.1
   im Akkusativ 84 G1.4
   im Ablativ 88 G1.8
Partizip Futur Aktiv 56 G1.2

Präpositionalausdruck / Präpositionalgefüge
  S 6; 10 G 2; 52 G 2.2; 71 G 2.2; 77 G 1.3
Präpositionalobjekt   10 G 2
Präpositionen Tab. XII₁₋₃
  mit Ablativ   10 G 2.1; 67 G 1.2;
    88 G 2.2 / 3.1 / 3.2
  mit Akkusativ   19 G 2.1
  mit Akkusativ/Ablativ   19 G 2.2
Präsens Tab. V₁; Tab. VII₁
  Präsens-Stamm   2 G 1.2; 7 G 1.1;
    21 G 1.1; 32 G 1; 32 G 2.1; 50 G 1/2;
    57 G 1/2; 69 G 1; 74 G 1; 75 G 2; 77 G 1.1;
    78 G 2.1; 79 G 1
  Infinitive ↗ dort
  Konjunktive ↗ dort
  Partizip ↗ dort
Prohibitiv   42 G 2.1
  der Deponentien   76 G 1.2
Pronomina Tab. II₁₋₈
  Demonstrativ- ⎫
  Indefinit-   ⎪
  Interrogativ-   ⎪
  Personal-   ⎬ ↗ dort
  Possessiv-   ⎪
  Reflexiv-   ⎪
  Relativ-   ⎭

QUOD   Tab. XIII₃

Realis   82 G 1
Reduplikation ↗ Perfekt
Reflexiv-Pronomina   15 G 2.2; 22 G 1/.,
  48 G 2.2
Reihung   3 G 2.2
Relativischer Satzanschluss   31 G 2
Relativ-Pronomina   29 G 1; Tab. II₄
  verallgemeinendes   64 G 2
Relativsätze   29 G 2; 31 G 1.3
  konjunktivische   71 G 1
  mit adverbialem Nebensinn   71 G 1.1
  verallgemeinende   64 G 2.2
  verschränkte   71 G 2
Rhotazismus   L 22
Richtungsangaben   19 G 2.2; 23 G 2
Satz   S 5
  Hauptsatz – Gliedsatz   11 G 2
  Satzanalyse   79 G; 80 G
  Satzgefüge   11 G 2
  Satzmodell   S 1–8
Satzergänzungen S 6; ↗ Objekt;
    ↗ Adverbiale

Satzbauelement   52 G 1.1; 61 G 1.1
Satzfragen
  abhängige   72 G 2.2; Tab. XIII₄₋₅
  unabhängige   34 G 2
Satzglied   S 5; S 6; S 7
Satzgliedteil   S 8
Satzreihe   11 G 2
Semantische Funktion   88 G
Semideponens   81 G 1/2; Tab. IX₁
Separativ ↗ Ablativ
Sinnrichtungen ↗ Ablativ
  ↗ Ablativus absolutus
  ↗ Adverbialsätze ↗ Dativ
  ↗ Genitiv ↗ Participium coniunctum
  ↗ Relativsätze ↗ Temporalsätze
SI   Tab. XIII₅
Stamm
  Verbum   2 G 1.2 ↗ Konjugation
  Präsens-Stamm ↗ Präsens
  Perfekt-Aktiv-Stamm ↗ Perfekt
  Perfekt-Passiv-Stamm ↗ Perfekt
  Nomen   4 G 1.2 ↗ Deklination
Stammauslautvokal ↗ Kennvokal
Stammformen ↗ Perfekt; Tab. VI₁₋₅
Steigerung ↗ Komparation
Stützwort   66 G 1.2
Subjekt   S 3; S 5
  Infinitiv als Subjekt   8 G 2.2
  AcI als Subjekt   18 G 1.2
  NcI als Subjekt   61 G 1.2
Subjektsinfinitiv   8 G 2.2; Tab. XIV
Subjektsatz Tab. XIV; 72 G 1/2
Subjunktionen   5 G 2; 26 G 1.3; 42 G 2.2;
  71 G 1.2
Substantiv Tab. I₁₋₃
  Bestandteile   4 G 1.2 ↗ Deklination
  als Subjekt   1 G 1
  als Prädikatsnomen   6 G 2.2
  als Objekt ↗ Objekt
Substantivierung
  des Adjektivs   6 G 1.5
  des Infinitivs ↗ Gerundium
Superlativ ↗ Komparation
Syntaktische Funktion ↗ Funktion;
    Tab. XIV
Syntax   S 1–8

Temporalsätze
  indikativische   26 G 1.3; 31 G 1.3; 80 G 1/2
  konjunktivische   80 G 1/2; 80 G 2.5

Temporale Sinnrichtung
　der Adverbialsätze　80 G2
　des Partizips　47 G1.4; 52 G1.3; 52 G2.4
Tempus　15
　Tempus-Zeichen　16 G1.1; 17 G1.1;
　20 G2; 24 G1/2; 28 G1.1; 31 G1.1;
　57 G1.4
　transitiv　4 G2.2; 9 G2.2; 78 G1.1

übergeordneter Satz　11 G2
unpersönliche Ausdrücke　65 G2.2; 72 G1
unpersönliche Konstruktion　61 G2; 78 G1.2
unpersönliche Verben　↗ Verbum
untergeordneter Satz　11 G2
unwirklich　↗ Irrealis
UT　51 G1.2; 72 G1.1; 77 G2.2/3;
　Tab. XIII$_2$
UTINAM　51 G1.2 / 2.2; 64 G1.4
UTRUM ... (AN)　72 G2.2

VELLE　64 G1; *Tab. X*$_{2.1}$
Verallgemeinerndes Relativ-Pronomen
　64 G2; *Tab. II*$_4$
Verbalformen　↗ Stammformen
Verba defectiva　*Tab. XI*
Verbum　S 4; 15
　Bestandteile　2 G1.2
　Deponens　↗ dort
　Nominalformen des Verbs
　　Tab. V$_3$; *Tab. VII*$_3$
　Stammformen　↗ Perfekt-Bildungen
　„Unregelmäßige Verben"
　　Tab. VI$_{1-5}$; *Tab. VII*$_{1-5}$
　Unpersönliche Verben　65 G2.2; 72 G1
Vergleich　↗ Komparation
　↗ Ablativ des Maßes
　↗ Ablativ des Vergleichs
Vergleichssätze　87 G2
　kondizionale　87 G2.2
　korrelativische　87 G2.1
Verschränkung　↗ Relativsätze
Vokal　L1–4; L16–21
　Bindevokal　↗ dort
　Hilfsvokal　↗ dort
　Kennvokal　↗ dort
Vokativ　7 G2
Vorzeitigkeit　↗ Zeitverhältnis

Wahlfragen
　abhängige　72 G2.2
　unabhängige　34 G2.3
Wortarten　1 G1; 6 G1.3
Wortbetonung　L12–15
Wortfragen
　abhängige　72 G2.2
　unabhängige　34 G2
Wortstamm　4 G1.2; 33 G1/2; 34 G1.1;
　35 G1.1; 36 G1.2; 37 G1.1; 39 G1.2;
　40 G2.1; 43 G1.1; 44 G1.1; 48 G1.1;
　55 G1.1
Wortstellung
　des Prädikats　1 G1.2
　des Imperativs　15 G1.2
　des Adverbiale　2 G2.2
　des Attributs　6 G1.4
　geschlossene　25 G2
Wortstock　4 G1.2; L16
Wunschsätze　↗ Optativ
　abhängige　41 G2.2
　unabhängige:
　　erfüllbare　41 G2.1; 64 G1.4
　　unerfüllbare　51 G1.2; 51 G2.2;
　　64 G1.4

Zahlwörter　↗ Grund-/Ordnungszahlen
Zeitangaben　26 G2.1; 88 G3.2
Zeitenfolge　↗ Zeitverhältnis
Zeitstufe　7 G1
Zeitverhältnis/Zeitenfolge
　gleichzeitig:
　　AcI / NcI　27 G2; 61 G2.2
　　Partizipialkonstruktionen　47 G1.3;
　　52 G2.2; 76 G2.2
　vorzeitig:
　　in indikativischen Gliedsätzen
　　　31 G1.3; 26 G1.3 (POSTQUAM)
　　in konjunktivischen Gliedsätzen
　　　42 G2.2
　　AcI / NcI　27 G2; 61 G2.2
　　Partizipialkonstruktionen　47 G1.3;
　　52 G2.2; 76 G2.2
　nachzeitig:
　　AcI / NcI　56 G2.2; 61 G2.2
　　Partizipialkonstruktionen　56 G1.3
Zustandsattribut　↗ Praedicativum